25

靈・鷲・山・誌
弘化紀實 卷

總序

開山和尚——心道法師

彷彿初上靈山，轉瞬間已經是廿五個年頭了！

感恩釋迦佛創立佛教，為世間留下了遠離輪迴痛苦的妙法以及開啟自在解脫的法門，也感恩諸佛菩薩、龍天護法與法界眾生的護持，靈鷲山才能成為像今天這樣利益眾生的教團、也才能成就與圓滿釋迦佛的度生志業。

當初為了修行，我常往來於宜蘭台北之間，總想在這兩個城市中擇選一處，來興建道場、弘法利生，繁榮地方。由於這個本願，相應了日後在福隆卯鯉山（今之靈鷲山）斷食閉關的因緣。在開山過程當中我們碰到大大小小的困難，也因為這些逆緣，結識了來自各方的善緣，讓我們能夠圓滿的解決各種危機，奠定了日後靈鷲山發展的基礎。

出關後，我一直想辦佛法教育，想讓所有人有更多的機會來體會佛法的切身好處。隨著時代的變遷與生命的歷練，我感覺到作為一個大乘的菩薩行者，在弘法的時候，也應該面對資訊化、全球化所帶來的時代問題；因此我選擇了不同於教界普遍推行的志業，在與第一批十二名出家弟子共同努力下，開始篳路藍縷的一步一腳印，開創靈鷲山這片佛土基業，也完成了世界宗教博物館的建立。

開山這廿五年來，我所做的就是一直鼓勵大眾來學佛，從幫忙解決個人問題、家庭生活的煩惱，到各種困擾人心的疑惑，接引他們皈依三寶、參加法會、禪修等，先使他們對佛法產生信心，然後勸他們發菩提心，讓大眾在感受到佛菩薩的慈悲與願力的同時，能發心救度一切眾生的苦難，進而跟我一起投入利益眾生的志業；然後再從具體實踐的過程中感受到自身能力或願力的不足，進一步自覺的想要深入佛法，這樣，教育志業就自然推動開來。無論是蓋博物館或是建設華嚴聖山，我

都希望弟子們發菩提心、行菩薩道，自利利他、自覺覺他。

時代在變，為了佛法的傳承，我們大乘佛教處在當前這個快速變化的世界，需要有更宏觀的眼界和做法。看看當今的法脈流傳，密乘在國際間蓬勃發展，南傳禪修的完備體系也走出森林、跨入世界而開枝散葉，顯示出佛教的全球性弘化因緣已然具足。我們希望佛教能與其他世界性宗教平起平坐，在全球化浪潮中持續發展，利益眾生。因此佛教教育要能融通三乘，破除彼此之間的隔閡，吸收彼此的優點，呈現出三乘合一的現代佛教風貌。不僅如此，我們更希望現代佛教還要能與世界其他宗教互動、互濟，相互理解、相互對話，共同為全球的和平奉獻心力。這也正是我們靈鷲山佛教教團和世界宗教博物館所肩負的時代使命。

世界宗教博物館從二〇〇一年開館到現在，已成為各宗教間對話的平台，致力於增進彼此的了解與寬容。「對話」甚至成為和平進程的必要條件，我們不只舉辦一系列的回佛對談，也透過宗教對話與合作，積極回應全球性的議題，共同解決眾生的苦難。

回顧過去的種種，讓我們對未來的方向更加充滿信心與願力。靈鷲山想在接下來的第二個廿五年繼續弘法利生的志業，勢必要更加重視教育體系的推廣以及弘化人才的養成。如何形成一個兼具著三乘經教與禪修實踐的完整教育體系，是我們要積極努力的目標，這部分包含我對「三乘學院」和「世界宗教大學」的願景與期待。而近年來，我們積極建設華嚴聖山，是為了將佛法教育以生活結合修行的方式呈現出來，讓一般大眾在含攝於空間的神聖性當中，體驗到清涼佛法的無所不在，這也是我們對弘法人才養成的具體實踐。

靈鷲山無生道場，一面背山、三面環海，日出日落盡收眼底，　在這片洞天福地中，也更能讓人領略因緣聚散、朝露夕霧的遞嬗。廿五載歲月走來，雖難免陰晴圓缺的世情歷練，但是我希望靈鷲山這個團體，能夠繼續作為一個教化眾生的平台，讓每一個跟靈鷲山結緣的人，都能在這裡面有長遠的學習空間與成長機會。

　　「佛」是我的生命；而我視我的弟子如同我自身；眾生是成就遍智的樂土，是成佛的道場。所以，「傳承諸佛法、利益一切眾生。」將是身為靈鷲人心中永恆的願力召喚。

　　願與十方共勉！

釋心道

西元二〇〇八年七月　於靈鷲山無生道場

編序

鷲山開山廿五年，雖不算長，卻經歷了全球化的巨變年代，台灣社會也興起了史無前有的佛教盛況。作為見證當代佛教變遷與發展不可或缺的一部分，靈鷲山佛教教團的出現、成長與茁壯，其所走過的種種心路歷程為何？其所關注的世間志業為何？揭櫫何種法脈傳承影響時代？開創何種弘法作為引領眾生？凡此種種，不僅身為靈鷲人皆應反思自問，同時也是靈鷲山佛教教團作為承接當代佛教變遷與發展的一份子，該交代清楚的時代使命。因此，編纂《靈鷲山誌》成為靈鷲人無可規避的責任。

此套《靈鷲山誌》的編印，是　師父廿五年來弘教傳法的悲心願力總集。從開始構思策劃到落實，從逐年集稿到編輯出版，皆仰賴　師父的加持護念與眾人的心血匯集而成。期待這套書不僅成為靈鷲人的歷史回顧，更能提供學佛人求法向道之明燈，以及發願入菩薩道行者，方便濟世之舟。於此分述各卷特色與編輯重點：

宗統法脈卷：含宗師略傳、法脈傳承、公案珠璣和語錄傳燈等四篇。本卷介紹開山和尚的生平背景及修行事蹟，並包括師父年譜。接著說明靈鷲山三乘法脈的傳承系譜、法脈源流，並詳述其緣起。然後收錄了數十則　師父活潑教化、應機說法之公案珠璣。最後檢選節錄　師父的傳燈語錄。閱讀此卷將神遊覺性大海，一睹智慧豁達無礙之景象，更能發現參禪樂趣之無盡燈。

寺院建築卷：靈鷲山佛教教團的寺院建築包含總本山、分院、全球各區會講堂以及閉關中心。本卷介紹其神聖空間形成之理念與建設過程，並描述建築呈現之美與作用特點。

人誌組織卷：本卷主要是以人誌組織為主，包含現有僧團規約制度、開疆十二門徒記述及僧眾側寫，並介紹多年來護持教團發展的護法幹部以及社會賢達。另陳述教團相關立案組織之功能。

　　藝文采風卷：證悟者對美的呈現是自然流露的，無論是在畫紙上或生活中，都能充分運用美的元素，去呈現真心與純良。此卷收集　師父的墨寶、往來書信函、教內教外友人相贈之文物以及教團祈願文，傳達佛法要旨與菩薩祝福。

　　教育文化卷：教育是一個組織能否永續的命脈，本卷闡述靈鷲山的教育理念——禪為體、華嚴為相、大悲為用，並詳細說明「生命教育」、「環保教育」與「和平教育」的意涵。另外介紹相關教育與研究機構的現況與發展，以及文化出版志業的概況。

　　國際發展卷：靈鷲山以「尊重、包容、博愛」的信念，開創世界宗教博物館，以「愛與和平」走向世界，企盼地球一家、社會和諧、世界和平與地球永續。本卷首先說明國際發展的意義，即是愛與和平的實踐。然後介紹「世界宗教博物館」，從建館的理念、緣起、籌建與落成之前後紀實，到館設收藏與展覽活動的點點滴滴，都是「愛與和平」力量的匯聚。接著介紹「愛與和平地球家」，歷述靈鷲山與世界各大宗教的對談、交流和合作，及對全球議題與人類苦難的積極回應，十年和平之路，一路走來，皆是對永恆真理與和平渴望的努力與實踐。卷末收錄　心道師父的三場國際重要演說與受獎事蹟。

　　弘化紀實卷：廿五年來靈鷲人與台灣社會脈動同步呼吸，這個社會的憂喜，皆有著來自靈鷲人的喜樂與悲憫。本卷收錄

　　靈鷲山廿五年的百則大事紀要與大事年表，記載教團在法脈傳
承、護法弘化、宗教交流與生命教育上的軌跡與成果，期望大
眾對教團的歷史與華嚴聖山的理念，有更深入的掌握和體悟，
並作為接引眾生學佛與自身精進的方便法門。

　　這套書前四卷是敘述靈鷲山內部的種種，從宗統、建築到
人物組織和尺素風雅，道盡靈鷲山廿五年來的人事變遷與物換
星移，同時也突顯了靈鷲山之所以出現、成長和茁壯的時代意
涵，及教團肩負的時代使命。後面三卷，從台灣到國際，從佛
法到生活，通過不同的面向，說明靈鷲山的志業如何落實在這
個時代，以及在　師父的慈悲願力引導下，靈鷲人如何在每一
個需要他的角落，體證著大悲願行。

　　至誠感恩三寶加被，龍天護持，得以成就此樁功德，回向
法界一切眾生，普沾法水，共沐佛恩。

釋了意　合十
西元二○○八年七月廿五日　於世界宗教博物館

卷序

一九八〇年代以來的世界與台灣社會都經歷了極大的變遷，國際上，意識型態對峙的冷戰已落幕，然而不同宗教文明間的對立與衝突，卻日益激烈；而台灣則從戒嚴桎梏中解放出來，逐步邁向開放、自由、多元的社會。變遷的社會，帶來機會也帶來失序，傳統的倫理價值正逐漸崩解；在這樣的環境下，人心浮躁不安，難得平靜與安寧，靈鷲山教團正是在這樣的時代背景下開始與成長。

靈鷲山教團自成立以來，一路思索著在這樣的時代背景下，靈鷲山能為這個世界帶來何種貢獻？眾生要的是什麼？在變遷快速、資訊爆炸的社會，怎樣才能將佛陀的教法傳布於社會的每一個角落？

縱觀開山廿五年來的歷史，初期著重在教育、文化層面的弘化，開展出法會、禪修、朝聖、生命關懷等四大弘法志業，以 心道師父平易的生活佛法，創新、活潑的弘法方式，為煩躁的現代社會，傾入一泓清淨法泉。開辦三乘佛學院，以傳承佛陀教法、復興那爛陀的精神，同傳三乘法脈。遠瞻宗教衝突日增的世界， 心道師父秉持「愛與和平地球家」的理念，創建全球首座的「世界宗教博物館」，主張「尊重每一個宗教、包容每一個族群、博愛每一個生命」的理念，介紹各宗教從對生命意義的探索、對人類宇宙的愛與慈悲，以及對永恆真理的追求；二〇〇二年始並舉辦多場回佛對談，力促宗教交流、對話以化解衝突、對立。

本卷記錄了靈鷲山教團開山廿五年來的成長足跡，分為「百則紀要」與「大事年表」兩部分。「百則紀要」篇，選取廿五年來，對當代社會與靈鷲山弘法志業深具影響與重要性的

一百一十二則大事，加以深度報導，內容上含括「法脈傳承」、「護法弘化」、「宗教交流」與「生命教育」等面向。「大事年表」篇，以編年方式臚列靈鷲山所舉辦過之弘法、交流、利生的活動與事件。

　　歷史，是參與其中者的共同記憶。廿五年來，有著靈鷲山所有弟子、信眾的快樂與感動，本卷所呈現的僅僅是其中的一小部分。回顧過去點點滴滴的同時，也期待在邁向和平聖山的旅程上，能有更多人搭上這班靈鷲列車，共同駛向愛與和平的目標。

釋法昂　合十

西元二〇〇八年十月一日　於靈鷲山無生道場

目錄 CONTENTS

目錄 CONTENTS

目錄 CONTENTS

95

目錄 CONTENTS

大事年表篇　　　　　　　　　　　　　147

百則紀要篇

1983　01.01〜12.31

心道師父至茗蘭山閉關　開啟靈鷲法脈

心道師父在當年5月下旬，至福隆茗蘭山普陀巖閉關；當年中秋，轉至法華洞繼續閉關，為靈鷲山開山之始。

1983年初，心道師父為體悟「法我平等」深湛禪理，發願斷食苦修，先於宜蘭礁溪龍潭附近清淨處苦修，後為免干擾，受福隆弟子之請，至福隆茗蘭山探尋僻靜之地。

普陀巖或名觀音亭，為福隆拱南宮所闢建，師父初至福隆，向拱南宮廟

普陀巖

方商借普陀巖以為閉關之地；然普陀巖時有遊客，仍須另尋清淨之處，於普陀巖山後覓得一天然山洞，即移至此洞繼續閉關苦修，名此洞為「法華洞」；並為護關弟子於洞旁築一石屋，以為居所，於隔年年初完成，內中以一木牌書「西天東土歷代禪宗祖師聖位」，名為「祖師殿」，亦稱「小殿」。

法華洞

福隆「茗蘭山」因為空中多老鷹盤旋，山中多奇石貌似鷲喙，又名「鷹仔山」，與佛陀當年宣說妙法的靈鷲山相似。玄奘《大唐西域記》：「接北山之陽，孤摽特起，既棲鷲鳥，又類高臺，空翠相映，濃淡分色。」師父遂將此山更名為「靈鷲山」。

祖師殿

1984　07.17

靈鷲山無生道場啟建　大雄寶殿落成開光

農曆6月19日觀音菩薩成道日，靈鷲山大殿落成、開光，象徵心道師父由閉關山房到十方道場，由頭陀行到菩薩道，在北台灣福隆勝地，開啟靈鷲山無生道場轉大乘法輪的新紀元。

甫落成的大殿一樣是傍山建築，位於高臺之上，兩側矗立著鷲首石，昂揚凌空，不同的是此靈鷲濱臨太平洋，海拔三百八十四公尺的高度，得以俯瞰太平洋，盡覽海天一色，體滄溟之空渺遼闊、悟浪濤之變幻莫實。師父為策勉弟子在濤聲駭浪中，體盡外境內心廓爾虛融，了知本來，無生無不生，故命此為「無生道場」。

道場初期只有師父關房「法華洞」和「祖師殿」，不足安頓求法若渴的來山信眾，眾人商議再造大殿。新建大殿，採福隆當地工法、就地取石材興建，天然樸實，殿中供奉台灣寺院第一尊左臥佛。

大殿落成，舉行開光，意味著禮請高僧安奉佛像，為我說法，開啟自性光明。心道師父邀請十八羅漢山明心禪寺修學法師、新竹峨眉道場從智（首愚）法師等多位德行具足法師前來主持儀式，儀式如法莊嚴，六百餘信眾上山與會，盡顯皈依我佛之德，法喜盈會。信眾呂居士也歡喜供養，恰好將建寺工資尾款還清，一切順緣成就，佛事圓滿，昭示著福隆聖地將承繼靈鷲山法脈，重顯如來法會，弘揚大乘精神，成為當代的「靈鷲山」、眾人的心靈聖地。

大殿供奉的左臥佛　　　　　　　　　　早期大殿外觀

☯ 1985 04.01～30

心道師父二年斷食閉關圓滿　朝禮佛陀聖地

心道師父二年斷食閉關圓滿，前赴印度、尼泊爾朝禮佛陀聖地；此行不但是心道師父首度海外朝聖，也是師父十三歲（1961年）來台後第一次離台。

《大般涅槃經》卷中佛云：「若比丘、比丘尼、優婆塞、優婆夷，於我滅後，能故發心，往我四處；所獲功德不可稱計，所生之處，常在人天，受樂果報，無有窮盡。」自古以來，朝禮佛陀出生處、成正覺處、初轉法輪處、入大涅槃處等地，即為所有佛子之願。為朝禮印度、尼泊爾佛陀聖地，心道師父甫出關即前赴機場，並以機上客餐為恢復進食的第一餐。

尼泊爾朝聖期間，師父於猴子山的索布英寺供養一位喇嘛百元美金，喇嘛從寺塔中請出百顆佛陀真身舍利回贈；回台後，舍利子不斷增生，成為日後靈鷲山啟建「舍利心海華嚴法會」、「佛陀舍利法會」等法會緣起，以及諸次舍利展覽活動的舉行。

1985年，師父自尼泊爾迎回之佛陀舍利。

2 1987　11.01～30

首度「外眾禪三」

靈鷲山無生道場舉辦「斷食禪三」外眾禪修活動，融合心道師父塚間修行與斷食閉關之經驗，帶領行者參悟禪法。這次禪三，為讓行者悲智雙運，要求行者默持〈大悲咒〉，並且斷食三天，以體驗心靈的澄淨。

　　靈鷲山無生道場1984年開山後，以禪為道場宗風，並以禪修和〈大悲咒〉為弟子日常功課。隨著弟子日益增多，心道師父遂於本年6月首次舉辦「內眾禪三」，讓弟子有機會放下日常執事工作，同參禪法，體禪門寶藏。在家弟子也因此請求師父安排一禪修活動，讓他們暫拋世俗煩擾，在清靈的無生道場，尋找心靈的平靜，領悟禪修法味。

　　在這次的外眾禪修後，靈鷲山每年定期舉辦外眾禪修活動，之後並逐漸發展禪一、禪七等禪修活動，成為現今「雲水禪」的濫觴。

中國四大名山朝禮之行

心道師父率領徒眾前往中國朝禮普陀山觀世音菩薩、五台山文殊菩薩、九華山地藏菩薩以及峨嵋山普賢菩薩等四大名山道場；四大名山道場各有其獨特秀麗之自然景觀，亦表徵佛教「悲」、「智」、「願」、「行」之精神。

四大菩薩道場，自古來即為中國極富盛名的佛教聖地，僧人時以朝禮名山道場，誓願跟隨菩薩足跡求道，體悟菩薩悲心願力，堅固道心。近代佛教大師虛雲老和尚亦曾以三步一拜之苦行，朝禮中外名山道場。靈鷲山弟子，心慕古德之風，於台灣開放民眾前往中國探親、旅遊之初，由心道師父率領，組團前往朝禮四大菩薩道場。

「朝聖」為靈鷲山四大弘法志業之一，心道師父要弟子以虔敬心，跟隨諸佛菩薩的足跡求道，在朝聖頂禮過程中，感應、領受諸佛菩薩的悲心願力，堅定求道的信心，在上求佛道與下化眾生的菩薩道上，守護菩提心，成就菩薩道。

心道師父也在這次朝禮菩薩道場後，發願於無生道場建設「靈鷲山四大名山景區」，將四大名山勝境搬回無生道場，讓台灣民眾得以時常親近菩薩，體悟菩薩「悲智願行」的精神，更效學菩薩之利他精神，亦開啟無生道場入世弘化之契機。

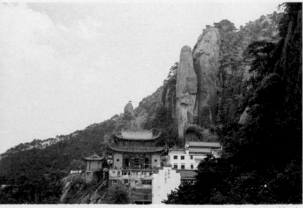

中國四大名山九華山

靈鷲山地藏道場

靈鷲山文殊道場

中國四大名山五台山

靈鷲山普賢道場

中國四大名山峨嵋山

靈鷲山觀音道場之多羅觀音

中國四大名山普陀山之觀音

🌀 1989　06.01

般若文教基金會成立

自1984年開山以來，靈鷲山原為隱居山林之道場，然鑑於社會失序混亂、問題叢生，心道師父本救苦度眾之悲心，成立「靈鷲山般若文教基金會」，展開入世弘法利生的菩薩願行。

「靈鷲山般若文教基金會」，以「關懷生命」、「提升心靈」、「佛法普及化」為基金會宗旨，主張重建良善社會需在「文化教育」紮根，始能推廣社會大眾朝向知性、安和、和諧的心靈生活。

心道師父並擘劃「五大志業」，以建設靈鷲山四大名山道場、般若傳播機構、般若學院、宗教歷史公園，以及宗教博物館等為文教建設之五大硬體，以奠定弘法之基礎。其中的宗教博物館，日後成為靈鷲山教團首要志業「世界宗教博物館」。

🌀1989　09.29

籌組基金委員會成立
護持五大志業

為使靈鷲山「五大志業」順利推展，靈鷲山般若文教基金會召開策進會議，特別針對五大志業內容詳盡規劃建設進程，會中決議成立「籌組基金委員會」。

此次會議，在各方專業人士充分地溝通與合作之下，「五大志業」建設藍圖越益具體明顯，這讓與會人士對五大志業的創建，更加堅定意願、充滿信心，而眾人亦認知到「資金籌募」為此階段志業建設啟動的當務之急。因故，決議成立「籌組基金委員會」，以為籌募基金的常務組織；由心道師父擔任會長，敦聘張耀仁、林鼎順二位居士擔任副會長。

同年11月，於宜蘭、羅東兩地舉辦首次「『籌組基金委員會』成立說明會」以及心道師父佛法開示講座，隨後於全台各地舉辦說明會，俾使社會大眾對「靈鷲山五大志業」及「籌組基金委員會」有更清晰深刻的認識與認同，廣獲社會大眾熱烈回應；隔年秋，靈鷲山應緣於各地成立分會。

「靈鷲山般若文教基金會籌組基金委員會」為靈鷲山護法會的前身，經過一年多的運作發展，至1991年5月，改組成立「靈鷲山護法會」。

⟳ 1990　07.15～28

第一屆七龍珠兒童夏令營

靈鷲山無生道場於福隆聖山寺舉辦兒童夏令營，藉由大自然所蘊藏的豐富內涵，啟發兒童的想像力、創造力、注意力與觀察力，從而培養愛地球的環保觀念。

自開山創建祖師殿、大殿以來，靈鷲山一直主張與大自然和平相處，友善地球的生態環保理念；為讓小朋友從小培養環保、護生的觀念，也為了讓小朋友度過一個不一樣的暑假，靈鷲山特別與交通部東北角海岸國家風景區管理處合作，以當時風行的漫畫「七龍珠」為名，於聖山寺舉辦首屆兒童夏令營，讓小朋友在鄉野、樸實的環境中，學習大自然俯拾皆是的豐富寶藏，以及淺顯的佛法、禪修課程。

而為了讓兒童夏令營順利圓滿，靈鷲山於夏令營前即先舉辦「大專青年耕心營」，除讓大專青年學習佛法、禪修，也培養其成為夏令營的小老師，帶領兒童認識大自然，學習佛法。

自此之後，每至暑期長假，靈鷲山固定舉辦大專耕心營以及兒童夏令營，啟發無數青少年伸展心靈觸角，走進佛法觀照生命。

↻ 1990　08.05

聖山寺啟建玉佛晉山大典

靈鷲山無生道場於聖山寺舉辦「大悲法會暨玉佛晉山大典」，心道師父正式接手管理聖山寺寺務，為無生道場首座分院。

晉山典禮由吳清同鄉長主持送印儀式，心道師父從原聖山寺住持宏榮法師手中接下聖山寺印鑑，聖山寺正式轉與靈鷲山無生道場管理。聖山寺原所有人吳春泉居士、貢寮鄉鄉民代表吳憲良先生等地方仕紳與會觀禮。

聖山寺為福隆地方佛寺，座落於靈鷲山腳下，建寺已逾一甲子。1990年年初，聖山寺原管理人吳春泉居士會晤心道師父，表達請師父接手管理聖山寺之意願，並以「不更動『聖山寺』之寺名」為唯一條件。之後，聖山寺便開始近半年的擴建修葺工程。

法脈傳承　護法弘化　生命教育　宗教交流

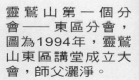

1990　09.29

籌組基金委員會各地分會成立

靈鷲山般若文教基金會籌組基金委員會於無生道場舉辦「分會成立會議」，會中決議於全台各地成立分會，隨之成立基隆、新莊、士林、羅東、蘇澳、桃園等分會，初具護法組織的規模。

靈鷲山般若文教基金會於1989年年底開始，陸續於全台各地舉辦「籌組基金委員會說明會」；每場說明會皆以心道師父佛法開示為重點，儼然是一場小型弘法開示講座。經過十餘月時間，各地興起一股學佛的熱烈氣氛，頗具成立組織之態勢；面對這股學佛的社會氣氛，靈鷲山應緣於各地成立分會。

初始分會之成立，大抵皆為信眾發心護持師父弘法願力，以個人社會關係之網絡，邀集眾人同心護持靈鷲山，並提供住家場所作為分會聯絡、共修處所而成立，一切雖因陋就簡，但卻是對佛法、對師父有無比堅定的信心，且勇猛精進；為往後靈鷲山護法會弘揚佛法、利益眾生志業，奠定永固之基。

靈鷲山第一個分會——東區分會，圖為1994年，靈鷲山東區講堂成立大會，師父灑淨。

靈鷲山第一個分會——東區分會，圖為1994年，東區講堂成立大會，師父為眾開示。

ℤ 1990　10.05

國際佛學研究中心成立

為提升台灣佛法研究之風氣，並與國際弘化交流接軌，靈鷲山般若文教基金會成立「國際佛學研究中心」，敦聘淡江大學文學院院長龔鵬程博士為主任，蔡瑞霖先生為副主任。

開山踐行菩薩道以來，心道師父即十分關心現代社會面臨的混沌、失序問題，提出加強「文化教育」心靈建設以為對治。成立靈鷲山般若文教基金會後，更期望對台灣佛法研究與論述的扎根、播種，提供一畝沃田，讓其開枝散葉。

國際佛學研究中心以「提升國內佛法之研究及教育環境」、「促進國際佛學之學術及資訊交流」、「開創前瞻性佛教之信仰及文化」等為成立宗旨，並以佛典編整、佛教研究、世界宗教研究、佛教未來發展、佛法與生活之結合落實等為中心具體方向。

🈺 1990 　 11.26

首場圓滿施食大法會啟建

承續靈山塔修行時期救度幽冥眾生之悲願，心道師父於無生道場啟建首場圓滿施食法會。此法遵循普賢王如來大願力口訣，普施、普救和普度三界六道一切眾生，先滿其願，乃至償還多生夙業，普願眾得自在解脫，一切受用具足圓滿。

師父並發願修持圓滿施食法會百次，普澤眾生，靈鷲山無生道場並訂每月第三週定期啟建法會，心道師父親自主法。至1999年4月，法會百次啟建圓滿，在四眾弟子虔心祈請下，師父慈悲決定延續歷年慣例，按月啟建圓滿施食法會。

1991　02.11～13

首場僧眾四季精進閉關

靈鷲山無生道場舉辦首次之「僧眾四季精進閉關」。此次閉關為期三日，心道師父特別為僧眾開示「參話頭」要領，並以「誰在呼吸？」為話頭，要弟子藉由關注呼吸，覺知「靈光獨耀」的佛性。

「禪」為靈鷲山之宗門法源，也是修行者開發智慧的必要條件。自1987年，靈鷲山僧眾弟子日益增多，心道師父便開始不定期地舉辦內眾禪修閉關，並著手規劃僧眾之禪修教育；僧眾弟子每週一封山靜修，每季精進閉關一次。

自此，靈鷲山確立「僧眾四季精進閉關」之教育規制，使弟子在弘法利生之餘，亦有充分之澄淨時間，勇猛精進。

1991　03.28～04.03

首場「萬燈供佛大悲法會」於羅東啟建

靈鷲山無生道場於宜蘭羅東南豪社區活動中心啟建首次之大型法會—「萬燈供佛大悲法會」。法會為期七天，持誦〈大悲咒〉七永日，祈以觀世音菩薩的悲願，加被祝願者圓滿吉祥。

此次法會獲蘭陽民眾熱烈支持，點燃五千餘盞酥油燈，使會場蔚為一片燈海，法師領眾唱誦〈大悲咒〉，浩浩如大海潮聲。晚間拜願亦盛況空前；信眾在拜禮中感受到佛菩薩的慈悲加持，充滿法喜清涼。

這場「萬燈供佛大悲法會」是靈鷲山啟建的首場大型法會，廣受大眾讚揚，期盼廣於各地舉辦，故靈鷲山陸續於三重、桃園、台中啟建大悲法會；至隔年，大悲法會再度回到羅東啟建盛會。

↺ 1991　06.26～07.15

中國東北參訪之行

心道師父受邀赴中國東北大連科學研究所參訪，首次於海外開示佛法講座——「生命的原理」；期間，心道師父率徒眾參觀松花江博物館，進行博物館考察。

此次參訪行程中，參訪人員見識到松花江博物館在資源簡缺的條件下，仍能以克難的方式，巧妙地展示松花江生態，打破眾人對博物館之刻板想像，也對世界宗教博物館之籌建升起堅定的信心。

在東北參訪行程結束之後，心道師父前赴雲南雞足山，朝禮大迦葉尊者聖地。

1991年，心道師父於大連科學研究所發表演講。

1991年雞足山朝聖留影。

1991 11.9～10

首場戒會啟建 「禪一暨八關齋戒」

為讓忙碌的現代人有機會接觸禪修，感受清涼法味，無生道場首度舉辦一日一夜的「禪一」活動。活動在遠離塵囂、充滿靈氣的無生道場舉行，讓參加的學員，於自然、寧靜中，實際體會寂靜、清淨的禪味，調整忙碌、煩擾的心情。

活動期間，無生道場特地舉辦一場「八關齋戒」，為靈鷲山首次舉辦的戒會，期盼學員能夠藉由此戒會，體驗清淨的出家生活，植下生生世世學佛的善根種子。

靈鷲山無生道場以「禪」為道場宗風，1987年首次舉辦外眾斷食禪三，今再推出禪一活動，普傳心道師父「寂靜修」法門。之後，靈鷲山隨著時代變化與大眾需求，陸續推出「金剛禪」、「書道禪」、「無生茶禪」、「雲水禪」、「平安禪」等不同形式的禪修活動。

韓日宗教參訪

為凝聚世界宗教博物館籌備的方向與內容，心道師父率世界宗教博物館籌備處參訪考察團，赴南韓、日本訪問，參訪日、韓各大博物館，體察各地名勝古蹟和博物館的多元風貌，廣泛汲取建設、管理經驗。

此次考察行程，先赴南韓，參訪德壽宮、基督教博物館、國立中央博物館、佛國寺、石窟庵、天馬塚；隨後眾人轉往日本，參訪天滿宮吉野介里、四大天王寺、崇禪寺、藥師寺、唐招提寺、東大寺、平等院、金閣寺、清水寺、妙心寺等歷史名剎，以及花園大學、雕塑公園、國立民族學博物館、民俗歷史博物館、國立博物館、科學博物館等名勝、博物館，行程豐富緊湊。

訪日期間，參訪團受到福岡長谷川商社社長的熱誠招待，受邀參加該社舉辦的「宗教博物館研究會」座談，長谷川社長特別為師父引薦景觀設計師中村善一、久留米大學宗教學者安達義博教授等。爾後二位專家受聘為世界宗教博物館籌備處顧問，對博物館早期籌設提供寶貴意見；中村教授在往後的幾年，每月自日本來山考察、規劃，為無生道場景觀設計建設之統整性，傾力指導與協助。

🔄 1992　08.01

青少年一日禪

1990年代，台灣少年吸毒、飆車的問題層出不窮。鑑於社會過度強調物質發展，青少年生活普遍缺乏想像。靈鷲山無生道場特別在高雄、三重及宜蘭舉辦三場「青少年一日禪」活動，期望藉此活動，教導青年學子內省禪修，俾使青少年有開闊的心靈空間，及更寬廣的生命視野和觀照。

此系列活動依次於台灣南、北、東部舉辦三場，分別於高雄中學體育館、三重中正堂籃球場、宜蘭梅花湖等三地舉行；活動內容朝大眾化方向設計，提倡禪修是自然的、生活的，適合各年齡層的學習者。

除「青年禪」外，之後，靈鷲山護法會更針對不同年齡、職業的對象，推行「親子禪」、「企業禪」、「教師禪」、「國際禪修營」、「大專禪修營」等禪修活動。

ⓩ 1992　09.18～24

首場「舍利心海華嚴大法會」於板橋啟建

繼1991年「萬燈供佛大悲法會」後，靈鷲山無生道場於台北、高雄以及宜蘭啟建三場「舍利心海華嚴大法會」，首場法會於板橋體育館啟建，為期七日。

　　為莊嚴法會，無生道場特別委託「敦煌藝術推廣中心」籌劃壇城與設計活動，把音樂與舞蹈融入法會，聖化法會會場，讓參與法會信眾油然生起敬仰、慕道之心。莊嚴法會融合藝術之美，改革創新傳統，也成為靈鷲山往後舉辦水陸法會和各大型法會的特色。

　　法會會場中設有五座主壇城，各壇城皆供奉舍利子，每日恭受信眾瞻仰禮敬；展出的千顆舍利，是心道師父1985年自尼泊爾迎回的佛陀真身舍利和其後來衍生的舍利子，這次法會同時是台灣首次公開展示佛陀真身舍利隆重盛大的法會。

⟳ 1992　10.13

弘一大師紀念音樂會

為台灣社會之文化播種、人心淨化，靈鷲山般若文教基金會特於弘一大師冥誕，在國家音樂廳舉辦「弘一大師紀念音樂會」。

此次表演，邀集國內優秀藝術家群，包括文學、書法、音樂、雕刻、服裝、多媒體與視覺藝術等領域之一流人士參與演出，以弘一大師一生為表現題材，演出弘一大師生平多項詩樂作品，禮讚這位民國初年的宗教家、藝術家。

接連九月份板橋體育館的舍利心海華嚴大法會，靈鷲山在這兩場活動中，結合宗教的神聖與藝術、文化的優美，為宗教注入了的嶄新活力。

1992年弘一大師紀念音樂會，小朋友話劇表演。

1992年弘一大師紀念音樂會，合唱團演唱弘一大師作品。

1993　06.09～16

心道師父首度返緬朝聖

自十三歲（1961年）隨國民政府部隊來台後，心道師父首次回到緬甸，並帶領弟子一同前往朝聖。

朝聖團除朝禮當地佛教聖地，如仰光大金塔等，亦拜會緬甸佛教界人士，進行初步會晤與交流。此行，緬甸國師烏郭達剌尊者輾轉得知心道師父原為緬甸出身，便傳達靈鷲山弟子請師父再度赴緬，開啟日後靈鷲山教團與緬甸佛教交流的深厚法緣；同時，亦促成隔年心道師父赴緬受戒因緣。

1993　08.07

世界宗教博物館籌備處成立大會

靈鷲山般若文教基金會假台北市外貿協會國際會議中心舉辦「世界宗教博物館籌備處」成立大會；宗教、政治及藝文各界人士應邀出席，逾三千人與會誌慶。

早於1992年9月，世界宗教博物館籌備處即已先行成立辦公室，經過近一年的籌備與規劃，籌備處的組織功能漸趨明朗與成熟。遂於1993年8月，靈鷲山舉辦「世界宗教博物館籌備處成立大會」，向社會大眾宣示世界宗教博物館的理念與宗旨，以及博物館籌建之計畫。

在籌備處成立大會前，8月3日世界宗教博物館籌備處先行舉辦「台北展示室」開幕茶會，邀請馬天賜神父等宗教代表以及政商界人士參加揭幕儀式。籌備處並推出「生命的智慧」首檔展覽，展出各宗教及民族信仰觀照人類生命的終極意義。此次展出結合了高科技、多媒體技術，讓參觀者預見世界宗教博物館的規劃精神與方向。

8月7日成立大會當天，天主教總主教狄剛神父、伊斯蘭教台北清真寺教長定中明、道教總會理事長高忠信、長谷川株式會社社長長谷川裕一等宗教領袖及社會名人受邀與會；大會揭舉世界宗教博物館「尊重每一個信仰、包

容每一個族群、博愛每一個生命」的理念，向世人宣告愛與和平世紀的來臨。靈鷲山也於會中首次舉辦「榮譽董事授證儀式」，頒贈榮譽董事聘書與獎座予支持靈鷲山志業的社會賢達，表達感謝之意。

師父與天主教總主教狄剛神父合影。

🔔 1994　02.12～15

首場新春迎財神法會啟建

靈鷲山無生道場首次於新春期間啟建「新春迎財神法會」，透過佛教祈福儀式，讓來山信眾都能在新的一年富貴圓滿、吉祥如意。

　　無生道場特別於新春迎財神法會禮請藏傳仁波切來山修「財神法」，讓為新的一年祈福的來山信眾，在法會加持下有富足的一年；更希望經由財神法會，教導信眾正確的佛法觀念——以慈悲喜捨心待人持己，開創出富樂的生活。

　　心道師父開示說：「財有二種，一種叫『世間財』，指的是金錢，能使活在世間的人所求不缺。另一種叫「出世間財」，就是法財，指的是佛陀的教法，得到它，可以滋養我們的精神，使內心充滿快樂踏實。」更勉勵新春來山弟子要：做人如做錢，人見人愛；唯有做到用心服務、熱心貢獻、細心關懷，才能「人見人愛」。

　　自此年起，財神法會成為靈鷲山無生道場於新春期間例行啟建之法會，亦為山上過年的特色之一。

新春迎財神法會邀請藏傳佛教仁波切修法。

₴ 1994　04.06〜18

心道師父首度赴美弘法

應美東弟子邀請，心道師父首度赴美弘法，除為當地信眾指導禪修外，期間拜訪北美最大佛教道場莊嚴寺，並於該寺觀音殿教授禪修。

此外，心道師父先後參訪哈佛大學、耶魯大學，並至世界日報社拜會該社社長馬克任先生；邀請馬社長主持「廿一世紀國際文化觀——推動世界宗教博物館之說明」國際記者會。

參訪哈佛大學期間，師父並拜訪了該校世界宗教研究中心主任蘇利文教授（Dr. Lawrence E. Sullivan），為日後世界宗教博館之建設，結下與蘇利文教授及該中心長期合作的因緣。

心道師父這次美東弘法行，受到當地信眾熱情歡迎，為往後世界宗教博物館籌建，尋求宗教和諧共處，以及美國弘法奠下穩固根基。

師父與哈佛大學蘇利文博士交流世界宗教博物館構想。（右上圖）

世紀之愛──以愛拯救地球演唱會

靈鷲山教團於台北體專體育館舉辦「以愛拯救地球」義賣演唱會，獲社會各界踴躍參與，為世界宗教博物館的籌建注入新活力。

為闡揚「世界宗教博物館」肩負之時代使命與非凡意義，靈鷲山特別與內政部、聯合報於本年共同舉辦「世紀之愛」系列活動；活動自4月23日開始，持續至年底，活動包括：「以愛拯救地球義演晚會」、「開啟生命智慧之鑰－宗教、文物、圖書展覽」、「宗教博物館徵文比賽」、「愛心媽媽選拔」、「反毒禪修」等活動。

「以愛拯救地球」義賣演唱會假台北體專體育館舉行，晚會邀請張小燕小姐主持，政治、企業、藝術、演藝等社會各界人士熱烈響應。此次義賣會共募得藝術名作三百餘件，包括張大千的「敦煌供養天女圖」與黃君璧的「龍瀑漱蒼崖」等名家之作；而此次晚會中，義賣廿件藝術品，共募得世界宗教博物館籌建基金三千萬元。

晚會中，邀請道教協會秘書長張檉先生、基督教教會合作協會總幹事康峻璧先生、伍秉衡牧師、天主教台北總教區副主教王榮和神父、台北市文化清真寺沙葆琚教長、蕭偉君副教長、天帝教總會副秘書長蔡光思先生、彌陀文教基金會悟空法師等各宗教界代表參與盛會；並安排各宗教代表分別以天主教、基督教、道教、伊斯蘭教、天帝教等不同儀式為全民祈福。靈鷲山護法會也與佛教界、天主教代表共同獻唱「祈禱」一曲，表達宗教天下一家的真愛精神。

1994　06.01～11

北非突尼西亞宗教研討會

應法國跨文化基金會邀請，心道師父偕同天主教馬天賜神父赴北非突尼西亞參加「突尼西亞宗教研討會」，展開首次國際宗教交流之行。研討會主題為「宇宙間不可知的神性」，與會者包含天主教、基督教、猶太教、伊斯蘭教、非洲等宗教代表，及橫跨人類學、雕塑、舞蹈、文學、宗教等領域的專家。

　　會中，心道師父受邀發表「佛教是如何達到神聖的境界」之演說，以十年塚間苦修、二年斷食的實修體驗與各宗教學者分享對談，引起與會人士的熱烈回應與討論，會議也為此延長四十分鐘，讓師父暢談苦行與修行經驗。

　　會後，馬天賜神父邀請師父造訪法國南部的聖本篤修道院，實際體驗院內的靈修生活，並與院內修士交流靈修體驗。

　　這次國際宗教研討會，是心道師父致力從事宗教對話、和諧共存的濫觴，也廣泛獲得世界宗教領袖的迴響與認同。

1994　06.12

首場公路超度法會啟建

靈鷲山護法會萬金分會、三芝分會聯合於金山鄉啟建「基金、淡金、陽金公路超度大法會」，祈求這三條經常發生車禍之道路出入平安。上千善信參加與會，心道師父親臨法會現場主持灑淨及點燈儀式。長期以來，靈鷲山教團不斷致力於關懷社會、關愛生命。而此場「公路超度法會」，不但為國內首次於此三條公路超度意外往生的眾生，亦是靈鷲山首次啟建之公路超度。此後，靈鷲山於各地開始啟建公路超度，後並於聖山寺擴大舉辦「陸海二路」、「陸、海、鐵三路」等超度法會。

2003年，靈鷲山「海、路、鐵」三路超度祭典——鐵路超度一景。

2003年，靈鷲山「海、路、鐵」三路超度祭典——出海超薦祈福。

1994 08.22～28

第一屆水陸空大法會於台中啟建

靈鷲山教團在台中啟建首場「法界聖凡水陸普度大齋勝會（簡稱水陸法會）」，主題為「護國息災・祈福報恩」；法會並為千島湖罹難者及兩位自殺身亡的北一女學生立超度牌位，展現心道師父關懷生命、救度苦難眾生的悲願本心。

心道法師早期於塚間修行，發願普度六道眾生，令其離苦得樂，從當年塚間以誦持《金剛經》、〈大悲咒〉回向，到無生道場成立後每月舉辦「圓滿施食法會」，以及「水陸法會」之啟建，都源於師父於墳塚苦修，誓度眾生的悲願。

心道師父曾開示：「水陸法會就是以『法會會友』，大眾齊聚一堂，做法供養、食物供養、無畏供養，令一切眾生都藉此離苦得樂、了脫生死；供養一切眾生就等於供養一切諸佛，有一天自己終將也能成佛。」水陸法會的發起亦含藏著心道師父對於生命教育的關懷，在水陸法會中，參與者除了可以學習教儀懺法之外，亦可在這個共修的大磁場中體會佛陀的境界與慈悲，利用七天的時間將整個身心融入佛法中，有機會認識了脫生死、離苦得樂的方法。

　　「一切從零開始」，靈鷲山教團從一年前便以如法、嚴謹的態度籌備首次水陸法會，從水陸法會的縝密儀軌、場地安排和義工組訓到壇城設計等；更在資源缺乏下，逐一拜會台中各佛教寺院、居士團體，借用法會所需器物，篳路藍縷之艱辛，可見一斑。而為莊嚴法會功德，回向一切吉祥無礙，靈鷲山更在4至6月間先行進行為期二個月之大乘經典共修。

　　第一屆水陸法會受限場地，內、外壇分處兩地進行，外壇在台中市光復國小，內壇設於台中體專體育館，雖是如此，法會仍順利圓滿，冥陽兩界，同獲利樂。

　　隔年，靈鷲山水陸法會移至桃園巨蛋體育館啟建，然首場於台中啟建之水陸法會，籌備之嚴謹、啟建之如法，為往後靈鷲山水陸法會樹立典範。

ℤ 1994 10.17～25

心道師父赴緬受南傳三壇大戒

心道師父赴緬甸仰光受南傳佛教三壇大戒（南傳沙彌戒、比丘戒、羅漢戒），並藉此受戒訪緬甸之旅，促進南北傳佛教之交流。此後，師父身著南傳袈裟度眾弘法，並剃去蓄留多年的鬍子。

受戒儀式由緬甸國師烏郭達剌尊者親自主持，四十多位比丘長老，及三十幾位宗教、政治領袖前來壇場尊證。隔日羅漢戒傳授戒場，眾比丘於七佛戒壇，口誦巴利文，將心道師父團簇圍繞，場面莊嚴神聖。國師並授予師父「烏谷達剌」之法名，意即「除障」。

之後，烏郭達剌國師並引介師父至仰光各大禪修中心參學與拜訪，包括備受緬甸人民尊崇之大證果達馬樣尊者。

心道師父自此身著南傳袈裟，以記緬甸受戒之因緣，亦象徵推展三乘和合教育之願力。

↺ 1995　02.28〜03.13

印度大吉嶺朝聖之行

應藏傳佛教竹巴噶舉派十二世竹千法王邀請，心道師父率徒眾赴印度大吉嶺展開「西藏新年、智慧之旅」朝聖行。

　　朝聖團於大吉嶺竹千法王寺院「竹突滇桑噶丘林」度過西藏傳統之新年節慶。隨後，法王安排心道師父一行前往尼泊爾朝禮蓮花生大士、馬爾巴尊者、密勒日巴尊者、護法金剛亥母、卡魯仁波切一世、敦珠法王、創古仁波切等古德聖賢之寺廟，以及其罕見之修行地。為此，心道師父以「智慧之旅」稱之，取祖師大德修行成就智慧圓滿之意。

　　當朝禮位於尼泊爾境內密勒日巴尊者閉關山洞時，因為與尊者深厚之法緣，師父乃發願於此建一閉關中心。

師父與竹千法王。

朝聖團於尼泊爾密勒日巴閉關山洞前留影。

⚡ 1995　04.04～23

「紐約道場ONE CENTER成立」記者招待會

心 道師父率徒眾赴美弘法，並主持「靈鷲山紐約道場ONE CENTER成立記者招待會」。

4月6日，記者招待會在位於曼哈頓地區的ONE CENTER舉行，紐約重要的華文報刊、廣播電台等媒體皆與會出席，心道師父當場邀聘世界日報總社長馬克任先生擔任ONE CENTER道場首席顧問；隨後並於ONE CENTER道場啟建「佛陀舍利法會」，為靈鷲山首次於海外啟建法會。

心道師父於記者會表示：「靈鷲山紐約道場ONE CENTER是宗教文化的交流中心，負有傳遞所有宗教精神的文化教育功能，同時也希望能得到各宗

教團體的響應認同，以推動世界各國宗教文化的交流。舉凡各宗教都同一在講求心靈之至善真理；ONE是『一』，即是指『心』，這正是ONE CENTER命名的由來。」

此趟美國弘法之行，同時也是一次宗教交流和平之行，心道師父應邀前往亞特蘭大參訪一黑人浸信教會，雙方互以基督教聖歌與佛教梵唄交流；之後亦拜會位於紐約的伊斯蘭教蘇菲中心與天主教格林威治中心。

🏃 1995　05.21～28

「為籌建世界宗教博物館而跑」全台展開

界宗教博物館發展基金會於全台舉辦「為籌建世界宗教博物館而跑」路跑募款活動，藉此大型路跑，以「購買一百元助跑券，即有人助跑一百公尺」的方式籌募基金，如此一步一腳印、眾志成城，為世界宗教博物館的啟建催生。

　　為期一週的全台馬拉松路跑活動，每日於不同的城市輪流舉辦，首日由台北、桃園開始，之後，南下台中、台南、高雄、恆春、台東、花蓮、宜蘭等地，最後一日再回到台北，參加路跑者總計高達一萬兩千餘人。活動並邀請中國大陸長跑好手來台，除為籌建世界宗教博物館而跑外，亦促進兩岸體育活動之交流。

　　配合路跑，沿途並設置多項園遊活動，包括名人簽名義賣、歌仔戲表演、自行車隊表演、營火晚會、親子活動等。靈鷲山並特別委託漫畫家蔡志忠先生為活動設計吉祥物「靈鷲鳥」，也為路跑活動增添了活潑的氣氛。

漫畫家蔡志忠先生贈予路跑活動吉祥物「靈鷲鳥」。

↻ 1995 06.05～10

首座海外弘法組織「印尼雅加達中心」成立

心道師父首次前赴印尼，展開弘法之行，並主持靈鷲山印尼雅加達中心成立開光儀式，成為靈鷲山第一個在海外成立的弘法機構。

印尼為伊斯蘭傳統濃厚的國度，佛教信仰在當地則屬罕見。1995年1月，師父弟子法性法師受邀赴印尼弘法，靈鷲梵音初次於印尼宣流，聞法信眾歡喜信受。此後，印尼信眾更相輪次遠從印尼前來無生道場朝禮，懇請心道師父前往印尼弘法；師父有感印尼弟子對佛法之殷切虔誠，特別安排赴印尼弘法。

此次弘法行促動成熟善緣，靈鷲山印尼雅加達中心立即應緣成立，同時設立第一、二分會，成就靈鷲山於當地的護法組織。

✷ 1995　08.10～27

俄羅斯宗教與博物館考察

心　道師父率領世界宗教博物館籌備處人員遠赴俄羅斯聯邦，展開「宗教與博物館訪察計畫」。此行以「博物館」考察為參訪重點，行程中，訪問團參觀俄羅斯重要宗教建築與宗教學術機構，如莫斯科教堂、皇宮、廟宇、手抄古佛卷藏經閣以及西藏醫藥中心。

　　期間並訪問俄羅斯境內的主要宗教——東方正教、薩滿教及藏傳佛教等，並進行相關的宗教、文化交流考察。心道師父特別會晤東方正教全俄總教主、俄國佛教理事會總住持等宗教領袖，就世界宗教博物館之籌設理念與文物交流交換意見。此行，開啟日後靈鷲山教團與中亞佛教之交流聯繫。

　　此外，訪問團尚特別至俄羅斯布里亞特共和國之首府烏蘭烏迪市參訪，參觀其歷史博物館。

師父與俄國東正教三一學院院長會晤

吐瓦共和國薩滿教博物館。

⚡ 1995　09.14～29

美加博物館訪問

繼8月的俄羅斯訪察計畫，心道師父再度率團遠赴美加地區考察；此行以紐約、華盛頓、鹽湖城、洛杉磯、溫哥華、渥太華等六大城市之博物館為主要考察對象，包括「猶太浩劫紀念博物館（The United States Holocaust Memorial Museum）」、「寬容博物館（Museum of Tolerance）」、「蓋提博物館（J. Paul Getty Museum）」、「大都會藝術博物館（The Metropolitan Museum of Art）」、「文明博物館（Canadian Museum of Civilization）」等；訪美期間，考察團並拜訪猶他州鹽湖城的基督教末世聖徒教會。期間，師父對「猶太浩劫紀念博物館」與「寬容博物館」之印象尤為深刻。

此次美加博物館考察行，不但讓考察團員見習了豐碩且精緻的博物館專業，並與美加地區博物館專業人士結緣，促成日後世界宗教博物館與RAA公司（浩劫博物館的展示設計公司）之建館合作，以及寬容博物館館長Gerald Margolis博士之顧問聘任。

1995　10.09

心道師父生日　淨山淨水海灘拾穢

心道師父之生日為重陽節，靈鷲山訂此日為「淨行日」，並於福隆舉辦「淨山淨水海灘拾穢」活動，慶祝上師生日。

每年，靈鷲山四眾弟子都會在心道師父生日當天舉辦朝山活動，及啟建法會，祈願上師長久住世、法輪常轉。今年，改為「淨山淨水海灘拾穢」的活動，以回饋地方、維護自然環境方式，慶祝心道師父生日。

心道師父向弟子開示：「靈性本來就沒生沒死，若要為我慶生，那我們應該做有意義的事情，迴小向大，大家就來做淨山淨水，把自然環境保護好。」

活動當日，在靈鷲山教團、民間團體及福隆當地民眾近萬人的熱情參與下，協力合作將原來髒亂的福隆沙灘恢復其本有的清淨美麗。

此後，靈鷲山教團訂定心道師父生日當天為「淨行日」，並舉辦淨山淨水等活動，回向上師法體康泰、法輪常轉。

1996　03.17

榮譽董事聯誼會成立

靈鷲山佛教教團成立「榮譽董事聯誼會」，集結榮董的力量，護持心道師父的願力與志業，共同創造「愛與和平」的社會與世界。

「榮譽董事聯誼會」成立大會在台北市世貿國際會議中心舉行，大會在心道師父主持下，邀請一百餘位榮董參與盛會。會中，推舉郭進財先生為聯誼會第一任理事長；郭進財先生為國內知名企業震旦行總裁，因認同師父「工作即修行，生活即福田」的修行理念，長期發心護持。

靈鷲山教團推動創建世界宗教博物館，廣獲社會各界人士認同，紛紛護持教團與世界宗教博物館的建設工作。1993年8月在世界宗教博物館籌備處成立大會上，靈鷲山教團首度舉辦「榮譽董事授證大會」；今年更成立榮董聯誼會，除具聯誼功能外，亦希望讓榮董們能及時掌握教團各種活動訊息；更重要的是集合榮董在社會各領域的影響力，推展「尊重、包容、博愛」的博物館精神，建設「至真、至善、至美」的社會。

靈鷲山首位榮董蔡信夫院長（中間立者）。

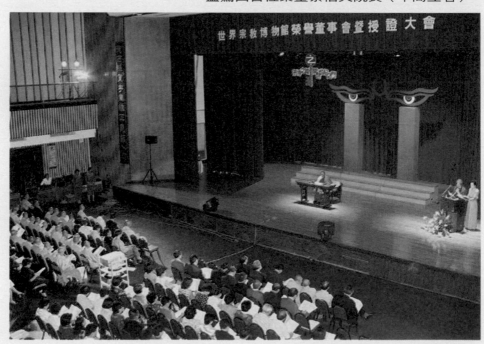

⚡ 1996　04.14

第一屆「護法會會員代表大會」

靈鷲山護法會舉辦「靈鷲山第一屆護法會會員代表大會暨委員授證大會」，會中揭櫫「一念善心」的護法精神，期勉護法信眾以「一念善心」而行佛道，因「一念善心」而成「歡喜菩薩」，乃至讓社會成為「一片淨土」。

　　首屆會員代表大會於台北市世貿國際會議中心舉行，邀請三千多位靈鷲山會員、貴賓及多位演藝界人士共同與會；活動中邀請心道師父主持委員授證及分會授旗儀式。靈鷲山護法會以「一念善心」為這次大會的精神，鼓勵靈鷲山弟子激發世人心中的善心，進而善化我們的社會。

　　同時，護法會也期勉所有的靈鷲山弟子發揮「給一個微笑的供養、給一個喜樂的布施、給一束志業的芬芳、給無量功德的祝福」的「四給」精神，來宣揚、推廣師父生活化的佛法，並讓靈鷲山教團建設「世界宗教博物館」的志業，早日呈現在世人面前。

中東宗教聖蹟參訪

心道師父率世界宗教博物館籌備處人員一行至土耳其、以色列等國參訪，進行跨宗教間的交流與對話，受到熱情的接待與導覽，為靈鷲山教團致力宗教共存共榮、追求「世界宗教和平」留下見證。

心道師父此行前往土耳其、以色列等國參訪宗教聖地、歷史遺跡，關心這些聖地的保存與維護等問題，並拜會當地宗教團體，實地了解各宗教發展現狀以及與當地社會文化的關係，同時也向其介紹靈鷲山籌建世界宗教博物館的理念，徵詢他們對博物館的看法與建議，達到宗教交流與對話的目的。

此行，參訪團透過土耳其來台留學生杜安的安排，在土耳其受到當地伊斯蘭教團體「Zaman」的熱情接待與導覽，行程中安排心道師父接受當地電視台的專訪，向土耳其人民介紹世界宗教博物館「尊重、包容、博愛」的理念；也邀請心道師父到「Zaman」創辦的女子中學演講，與學子分享個人的修行歷程以及佛教的人生觀。

之後，心道師父一行前往以色列朝禮宗教聖地，並拜會猶太教組織——以色列宗教協調會。該會代表非常關心猶太教在世界宗教博物館的展示規劃，表示願意協助博物館規劃猶太教的展示內容。此外，心道師父也拜會位於以色列海法的巴哈伊教世界中心。

這次的中東參訪之行，不僅是台灣與中東地區宗教交流史的創舉，也是佛教與伊斯蘭教、猶太教、巴哈伊教直接而友善的對話與交流的展現。

₹ 1996 05.26

「佛腳！給我抱抱！」考生祈福活動

靈鷲山教團關懷考生面對炎炎考季的來臨，於全台各地舉辦「佛腳！給我抱抱！」希望考生透過菩薩的加持，降低心中的緊張與不安，開啟智慧之門，讓大家都有良好的成績表現。

「佛腳！給我抱抱！」，是國內首次以佛教儀式為考生祈福的活動；邀請考生與家長一起參與《心經》及〈文殊智慧咒〉共修、抱佛腳、智慧券、准考證加持、點智慧燈以及許願等活動。現場，靈鷲山特別請來「銅塑佛足印」，供考生頂禮、撫拭佛腳；靈鷲山法師也教導考生透過「定心調息」的禪修方法放鬆心情，讓考生臨場不慌亂，保持最佳狀態應考。

在急遽變遷的資訊社會，青少年的心靈調適問題一直是靈鷲山教團社會關懷的重心之一；「佛腳！給我抱抱！」關懷考生活動，靈鷲山首開風氣，適時協助青少年一同度過成長過程中必須面對的關卡。

緬甸禪修中心參學

心道師父率多位靈鷲山法師至緬甸「莫哥（Mogok）昆婆舍那內觀禪修中心」參學，為靈鷲山弘揚三乘教法奠定根基。

　　為期兩週的參學行程，第一週在仰光的莫哥禪修中心修習禪法；第二週參訪緬甸各地的佛塔、禪修中心，並拜會達馬樣、烏依麻剌等尊者。

　　莫哥內觀法門為緬甸五種著名內觀禪修法門之一，其殊勝之處在於結合理論、修行與日常生活，引導行者從「為什麼要修行」、「修行目的」、「如何修行」等法門循序漸進，終至證得道果。

　　心道師父以三乘並傳作為弟子教育的基礎，此次緬甸莫哥禪修中心參學的因緣，也成為往後靈鷲山弟子與信眾教育的課程之一。

☯ 1997　04.21～25

心道師父參加倫敦「聖地計畫」開幕典禮

心　道師父受邀赴英國倫敦參加「聖喬治日（St. George's Day）」慶典活動——「聖地計畫（The Sacred Land Project）」的首次典禮，並與英國國教會最高之坎特伯里大主教喬治　卡倫博士（Dr. George L. Carey），以及來自英國各界的各宗教領袖會晤。

　　這次英倫之行，是心道師父繼去年5月參訪土耳其、以色列等國宗教聖地後，再次實際關懷宗教聖地保存、維護與重建等議題。

　　「聖地計畫」是一個保存宗教聖地遺址的計畫，由英國國際宗教教育文化顧問中心所推動，此計畫將自1997至2002年持續五年進行，目的在復原英國古老的或已消逝的宗教史蹟、加強促進各聖地史蹟的環境，及創造新的聖地等。由於同樣致力於世界宗教文化的保存，因此心道師父對於國際宗教教育文化顧問中心熱心推動這項聖地計畫，為世界宗教聖地遺跡之維護所做的貢獻深表肯定與支持。

　　4月23日「聖喬治日」當天，「聖地計畫」在喬治　卡倫大主教主持下進行，邀請基督教、伊斯蘭教、印度教、猶太教以及代表台灣佛教的心道師父等宗教代表與會。會後，心道師父與喬治　卡倫大主教會晤交流，雙方相談甚歡，並允諾加強彼此的交流合作。

心道師父率僧徒拜會妙蓮長老、惟覺長老

心道師父率領徒眾一行至南投，先後參訪靈巖山寺及中台禪寺，分別受到開山住持妙蓮長老、惟覺長老的熱誠接待。

　　此次南投之行，係應檀越供僧的因緣，心道師父特別率領徒眾三十餘人，前往參訪諸道場，並對叢林建設的各項規劃深入請益。惟覺長老與心道師父一行並實地參巡中台山的建築工地，心道師父也恭請長老對眾人開示。

　　此行可說是難得的台灣寺院參訪之旅，除了交流弘化外，更是心道師父為提升僧眾對「佛教整體願景與道場建設」的傳承教育展現之一。

拜會靈巖山寺妙蓮長老。

拜會中台禪寺惟覺長老。

🔁 **1998　09.10**

世界宗教博物館獲頒教宗祝福狀

梵諦岡教廷及天主教教宗若望保祿二世頒贈「教宗祝福狀」予心道師父及世界宗教博物館，表達支持心道師父籌建世界宗教博物館的理念及精神。

　　「教宗祝福狀」是梵諦岡教廷獎勵對宗教、社會與人類有傑出貢獻的團體或個人，表達教宗的支持與祝福；祝福狀由天主教台北總教區王榮和副主教代表頒贈予心道師父，其上寫：「教宗若望保祿二世慈愛地將羅馬教皇的特別祝福給予釋心道法師及世界宗教博物館，作為由神而來永久護佑的誓約」。

1998　11.16～20

心道師父率團朝禮中國普陀山觀音道場

靈鷲山為主修觀音菩薩大悲法門之道場，心道師父特率徒眾朝禮中國普陀山觀音菩薩道場，親炙菩薩道範，亦為激勵弟子精進。

此行先至浙江寧波參訪中國五大寺的阿育王寺與天童寺；之後前往普陀山，朝禮普濟寺、慧濟寺、法雨寺、潮音洞、梵音洞等各處聖地，一瞻觀音菩薩修行聖境；行程最後赴上海參訪著名的龍華寺、沈香閣、玉佛寺等名剎。

心道師父與觀世音菩薩實有深厚法緣。心道師父自年少時初聞觀音聖號，深受感動；稍長有志於道，在手臂上刺上「悟性報觀音」等字，提醒自己勿忘初心；之後於宜蘭十年塚間修行，以觀音菩薩之「耳根圓通」法門苦行。開山後，以觀音法門為道場宗風，教導弟子持誦〈大悲咒〉、修習「寂靜禪修」等法門，以長養大悲心與智慧心。

此次普陀山朝聖，為靈鷲山傳承與弘揚觀音法門，更添內涵與殊勝。

普陀山朝聖——參觀梵音洞。

☯ 1998　12.01～31

大寶伏藏傳承靈鷲聖山

藏傳佛教寧瑪派噶陀傳承毘盧仁波切，應心道師父的邀請，來山傳授「大寶伏藏」灌頂，全體僧眾同霑法益。

　　毘盧仁波切為毘盧遮那佛的化現，曾親近許多偉大的上師，特別是噶陀傳承的法王，接受了完整的大圓滿教法，證悟無二智慧；之後，受不丹國王之邀執掌林瑪龍寺務。1996年年底，仁波切與竹巴噶舉第十二世竹千法王聯袂來山參訪並傳授密法，且預言靈鷲山將成為「大圓滿傳承」聖山。

　　自1994年心道師父於緬甸受南傳三壇大戒，開啟靈鷲山傳承三乘教法的教風；於今，毘盧仁波切傳授「大寶伏藏」更豐富了靈鷲山藏傳法系的因緣。

　　毘盧仁波切先後於1998、2002、2004年三次來靈鷲山無生道場傳授「大寶伏藏」灌頂，直至2005年1月9日圓滿。而後於2001年心道師父獲莫札法王認證為「虹光身成就者」轉世，並在毘盧仁波切主持下舉辦「陞座」大典，認證了心道師父的金剛乘傳承。

1999　03.11

「百福專案」啟動實施

靈鷲山護法會推動「百福專案」計畫，進行護法會組織革新、教育訓練課程規劃以及委員獎勵制度；並制訂十則「百福心要」，作為委員、信眾弘法服務、踐履菩薩道的修行準則，讓他們也隨著靈鷲山日漸茁壯而成長。

靈鷲山護法會首先在基隆長榮桂冠飯店舉辦第一場說明會，邀請基隆、金山、萬里地區的護法會分會常務委員、幹部、委員等參加；之後在全國各地講堂舉辦多場說明會，解說「百福專案」組織改造的必要性與精神。心道師父在首場說明會上勉勵說：「我們的（護法會）組織將以教育、服務、弘法為主，推動社會的愛心；每一個靈鷲山信眾、委員都是弘法教育的推動者、弘揚者。」

護法會也在師父的悲願與精神引導下，擬定十則「百福心要」。希望能在每個接觸佛法的人心中，種下薰習的種子，以「積極、樂觀、正面」按部就班地進入修行步驟，並以「信心、志業心、企圖心」來散播佛法的快樂，成為心靈的服務員。

百福心要

第一條：生命的真理	我們發願：生生世世信奉三寶、皈依三寶，對生命的原理有最深的體認，轉變業力成為願力，坦蕩走向菩薩道。
第二條：上師相應	我們發願：跟隨上師願力，上應觀音菩薩的慈悲，為償多劫願，但願眾生得離苦不為自己求安樂，供養諸佛興眾生。
第三條：無盡的奉獻	我們發願：全心奉獻，發無量心，救苦救難，不求回報，以善與歡喜，過喜捨的人生，讓自己解脫，給別人快樂。
第四條：精進行	我們發願：精進六度萬行，跟隨上師、跟隨願力、發心菩薩，一直做、一直接觸、一直貫徹菩薩道，做了才有真正的果實。
第五條：無我	我們發願：處處無我放下，學習謙卑有禮，對人恭敬柔軟，推動社會溫馨與和諧。
第六條：從善心菩薩到不退轉菩薩	我們發願：直至成佛，永不退轉，從一念善心開始無怨無悔地付出，學習智慧，消化煩惱，明瞭煩惱即菩提。
第七條：佛法的大使	們發願：廣結善緣做佛法大事，委員就是做結緣的工作，為佛法舖路，為眾生造橋。
第八條：愛的團體	尊重、包容、博愛，銜接人間的愛與和平，創造一個有愛的社會、創造一個成佛的淨土。
第九條：傳播希望、服務心靈	我們發願：傳播心靈福音，傳播地球永續環保，推動福慧雙修，生生不息。護法會就是佛法的傳播站，委員就是心靈的服務。
第十條：淨化社會	我們發願：用理性去關懷，用愛心去接觸，用愛心去服務，用毅力去貫徹，建立信心的人生，成就安定和諧的社會。

1999　09.22

九二一震災救護與心靈重建

南投集集9月21日凌晨發生芮氏規模7.3強震，重創中台灣。靈鷲山教團聞訊立即動員組織全台信眾、物資投入南投災區賑災；並在南投縣政府請求下，成立「南投縣北區賑災中心」，動員三千名靈鷲山義工投入賑災；並且在台灣各地成立十個據點，募集、調配救災物資與賑災善款。

在災區的緊急救援之後，心道師父認為災區的重建除了環境重建外，災民的心靈重建更為重要；因此在「黃金七十二小時」緊急救援後，開始深入災區，撫慰災民的心理創傷；並受南投縣政府委託啟建「九二一震災頭七安靈息災地藏法會」，以宗教儀式超薦罹難者、為生者祈福。心道師父開示說：「這場法會除了安亡者的靈、安生者的心外，也讓地神、水神、山神、河神安，這樣整個社會國家才能安定下來，災禍也才能逐漸消弭。」

10月初，心道師父與天主教、基督教、道教、伊斯蘭教等宗教代表共同拍攝「為九二一震災受難者祈福」的公益廣告，策勉災民「家園破了，心不能破」、「重建家園，從心出發」訴

求，呼籲政府與社會重視災後的心靈重建。

　　同時，靈鷲山教團於全台各地舉辦「當生命遇上死亡」心道師父佛學講座，重建災後受創、不安的人心。10月下旬，接受國防部委託，舉辦六場的「國軍心靈講座」，為參與救災的國軍進行心靈重建輔導工作。另外，靈鷲山教團也將勸募所得之善款，用於南投國姓鄉育樂國小校舍重建。

　　災區重建是條漫長的路，災民的心理重建與關懷，成為日後靈鷲山教團救災的重點。心道師父在「台中縣九二一震災百日追思超薦法會」中表示：「災難發生至今已滿百日，此時更應該是走出悲情，迎向希望曙光的時候；傷痛總會過去，更重要的是如何振作心靈，勇敢的面對未來的日子，從『心』再出發。」

五大宗教公益廣告，左起：天主教狄剛總主教、道教張檉秘書長、師父、基督教周聯華牧師、伊斯蘭教王春山教長。

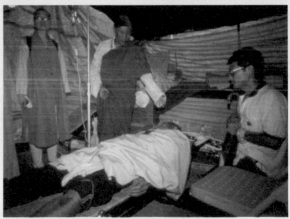

🌀 1999　12.01～08

心道師父受邀參加南非開普敦世界宗教會議

心道師父以世界宗教博物館創辦人身份應邀參加於南非開普敦舉辦的第三屆「世界宗教會議」，會中發表「千禧年的心靈挑戰——世界宗教博物館的回應」以及「二十一世紀的佛教」兩場演講，受到世界各宗教領袖的讚許與支持。

「世界宗教會議」是由「世界宗教議會理事會（Council for a Parliament of the World's Religions, CPWR）」所舉辦，該組織於1893年召開第一次大會，匯聚各界宗教領袖，呈現東、西方多樣化的宗教與靈性傳統，後因第一次及第二次世界大戰而停辦。1993年，CPWR再度在芝加哥召開第二次世界宗教會議。

本屆世界宗教會議，為期八天，多達七千餘人參加，共有八百餘次的演講、表演、文化交流等活動。討論包括「科學、資訊革命時代與家庭的關係變遷」、「多元化世界的宗教自由」、「二十一世紀人類價值與權利的建立」、「全球倫理促進」等二十一世紀人類社會面對的重要議題。會後含心道師父在內的四百位理事共同簽署「全球倫理與道德公約（A Call to Our Guiding Institutions）」，宣言中呼籲世人重視「慈悲、包容、寬恕」的宗教精神，反對「暴力、剝削、性別歧視」，並強調「地球環保」的重要性。

心道師父在大會演說時，提出以「世界宗教博物館」作為來自台灣獻給人類廿一世紀的禮物，受到與會人士的肯定與尊崇。世界宗教議會顧問、國際宗教中心（International Interfaith Center）理事Marcus Braybrooke讚揚說：「我參加了多場討論會，這位佛教的法師不僅弘揚自己的宗教，還以包容與愛推至各個宗教；世界宗教博物館的成立，代表著一個宗教家偉大的情操。」

　　會議期間，心道師父主動、積極向各宗教領袖介紹世界宗教博物館及其
創建理念，引起各宗教領袖的熱烈關切與讚揚；此行並拜會大會主席
Dr.Howard A. Sulkin與達賴喇嘛等人，Sulkin非常支持心道師父創建世界宗教
博物館的理念，表示願意提供資源協助博物館籌建與開館。

　　藉由本屆世界宗教會議的交流，心道師父籌建世界宗教博物館的精神與
理念，獲各宗教領袖的推崇與支持，同時彼此也建立深厚的情誼，對心道師
父推動「宗教和諧」、「愛與和平」的工作，實具開創性的啟示與幫助。

↩ 2000　01.18～20

泰僧王致贈金佛

泰國僧王智護尊者（H. H. Somdet Phra Nyanasamvara）致贈金佛，肯定心道師父與世界宗教博物館追求「世界宗教和平」的努力。

泰國僧王分別以金佛、祝福狀及他穿過的袈裟代表佛、法、僧三寶致贈，表達對世界宗教博物館的支持與祝福；並派遣泰國前教育部副部長曹瓦霖（Chaowarin Latthasaksiri）等十名官員護送金佛到台灣。

同時，心道師父也在1月18日派遣一百零八位護法至泰國恭迎金佛來台，並回贈「萬世威儀」琉璃香爐與珊瑚念珠。1月20日靈鷲山佛教教團在桃園

國際機場舉行迎金佛儀式與記者會，心道師父與數百位民眾至現場恭迎金佛來台；隨後迎請金佛至台北車站新光三越廣場，供民眾瞻仰、頂禮祈福。

泰僧王贈金佛緣於1999年4月，心道師父至泰國曼谷主持靈鷲山佛教教團舉辦的「佛陀舍利法會」，期間至僧王寺拜會僧王，相談甚歡；僧王非常認同心道師父籌建世界宗教博物館「尊重、包容、博愛」的理念，將原本欲送給泰王的生日禮物——金佛轉贈宗博。泰國國王蒲美蓬（Bhumibol Adulyadej）亦因僧王與師父這次會晤的因緣而贈送靈鷲山一尊銅佛，也隨金佛一同來台。

1月21日晚間，靈鷲山教團在世貿台北國際會議中心舉辦「生命覺醒講座暨千禧金佛祈福大會」，心道師父與行政院蕭萬長院長等共同舉行點燈祈福儀式，祈祝台灣人民平安。之後，特將金佛迎請至南投九二一災區，為當地居民祈福，撫慰居民災後受創的心靈。

泰僧王此次贈送金佛，代表心道師父與靈鷲山教團推動「愛與和平」的努力受到肯定，也是南、北傳佛教彼此交流學習的展現。

⏳ 2000　07.18～22

心道師父受邀至柏林禪寺傳授禪修

心道師父以其苦行實修經驗和「生活禪」宗風，受邀在河北柏林禪寺主辦的「生活禪夏令營」，為來自中國各省市及法國、澳洲等海內外學員傳授禪法。

柏林禪寺創建於東漢末年，是中國禪宗史上重要祖庭，也是中國北方最古老的道場之一。晚唐時禪門巨匠趙州從諗禪師在此寺住錫四十年，大振南宗禪風，留下不少如「庭前柏樹子」、「狗子無佛性」、「至道無難」等著名公案。現任住持淨慧大和尚為近代禪宗大師虛雲老和尚弟子，於中國大陸改革開放後，重興柏林祖庭，弘化禪門宗風。

心道師父此行傳法，受到柏林禪寺寺方盛大的歡迎，淨慧老和尚並與心道師父於趙州祖師塔前合植一株柏樹，表禪門傳承，並為「生活禪夏令營」揭開序幕。心道師父除傳授禪修，並且主持「解讀生命的黑盒子」、「生命的自轉與公轉」等兩場座談會，回答學子們佛法與修行的問題。

淨慧老和尚特地致贈心道師父一片古老柏樹切片，上書「時有僧問，如何是祖師西來意？師云：庭前柏樹子」公案詩句，以表歷史的傳統及禪的傳承。現此一公案詩句，安奉祖師殿內，為這段兩岸佛教交流以及禪門傳承作見證，並時時提醒弟子精進、徹證菩提。

⚡2000　08.27～31

心道師父獲邀參加
「千禧年宗教及精神領袖世界和平高峰會議」

心 道師父以世界宗教博物館創辦人身份受邀參加聯合國「千禧年宗教及精神領袖世界和平高峰會議（Millennium World Peace Summit of Religious and Spiritual Leaders）」，於大會上為世界和平進行祈禱，並發表「如何轉化衝突」演講。

為期四天的聯合國「千禧年宗教及精神領袖世界和平高峰會議」，有來自世界一百多個國家、將近六百位的宗教領袖，加上與會的所有宗教靈修人士總共有兩千人，一同為世界和平的議題貢獻智慧與經驗。這次會議是聯合國成立五十五年以來，首次邀集全球各大宗教領袖齊聚一堂，針對衝突轉化、寬恕和解、消弭貧窮、地球環保等四大議題進行討論，並發表演說暨祈禱，祝願和平的到來。

心道師父並與各宗教精神領袖共同簽署「包容與無暴力承諾」和平宣言：承諾終止宗教暴力與衝突，消弭貧窮，解決環境破壞，廢除核武，與尊重人權。

心道師父於大會宣讀祈禱文：「我願祈求戰爭的不義，在全球具足人性

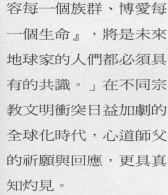

的人權機構努力之下，和平化解，人們得以免除殺戮的恐懼。」並在接受「美國之音」採訪時表示：「宗教主要在推動人類共同的和平與福祉，對於快速發展的現代資訊社會，學習『尊重每一個信仰、包容每一個族群、博愛每一個生命』，將是未來地球家的人們都必須具有的共識。」在不同宗教文明衝突日益加劇的全球化時代，心道師父的祈願與回應，更具真知灼見。

② 2001　01.31

「世界伊斯蘭教聯盟」致贈珍貴文物

「世」界伊斯蘭聯盟（World Muslim League，以下簡稱「回盟」）」致贈「天房罩幕」等珍貴伊斯蘭文物予世界宗教博物館，肯定世界宗教博物館「尊重、包容、博愛」的理念，並加深雙方的交流與合作。

　　這些珍貴文物包含伊斯蘭聖地麥加「天房罩幕」的精細刺繡布塊、伊斯蘭教器物，及相關的文字及影像資料等，是「回盟」首次將伊斯蘭教聖物贈送給非伊斯蘭教國家與團體。世界宗教博物館規劃將這批文物納入博物館宗教展示大廳伊斯蘭教區展示。為感謝「回盟」捐贈文物，博物館並特別於3月8日合辦一場感恩茶會。

　　世界宗教博物館是於1999年12月參加在南非舉行的第三屆全球性宗教會議時，與「回盟」結緣。當時心道師父在會議上所發表的世界宗教博物館創館理念受到與會宗教領袖的讚揚與認同，也讓「回盟」秘書長歐貝德（Dr. Abdullah bin Saleh Al-Obaid）留下深刻印象。因此，在2000年6月歐貝德來台訪問時，特別拜訪心道師父與世界宗教博物館，了解博物館在伊斯蘭教的展示規劃。在瞭解館方的需要後，主動協調並親自確認「回盟」贈與世界宗教博物館的伊斯蘭教文物內容。

　　這次回盟的贈與文物行動，為佛教與伊斯蘭交流帶來了實質的進展，也讓往後靈鷲山佛教教團舉辦一系列「回佛對談」有了友善與良好的開始。

☯ 2001　04.15

「千禧年宗教及精神領袖世界和平高峰會」
心道師父受聘為諮詢委員

聯合國世界和平高峰會（World Peace Summit）祕書長巴瓦・金（Bawa Jain）來台敦聘心道師父擔任聯合國「千禧年宗教及精神領袖世界和平高峰會」委員會諮詢委員。

　　聯合國世界和平高峰會是聯合國教科文組織（UNESCO）底下常設性機構，也是聯合國唯一致力於透過宗教教育達到世界和平的組織。該組織長年致力於以宗教教育化解宗教及種族衝突，確保人類和平與安全。2000年曾於聯合國舉辦「千禧年世界宗教領袖和平高峰會議」，首次讓來自世界各地的宗教領袖齊聚聯合國紐約總部，共同為世界和平祈禱。

　　聯合國宗教和平會議積極邀請全世界最高層宗教及政治界領袖加入該國際性組織。心道師父此次受聘，將與各國重要宗教及政治領袖，一同為世界和平貢獻心力。

　　4月15日，正逢靈鷲山護法會於世貿國際會議中心舉辦「2001年希望與榮耀會員代表大會」，巴瓦・金應邀出席，並將聯合國宗教和平委員會聘書遞交心道師父，正式聘請心道師父擔任該委員會諮詢委員。心道師父也在會中邀請巴瓦・金擔任世界宗教博物館榮譽董事顧問，及世界宗教博物館開館典禮之貴賓。

　　心道師父獲聘擔任聯合宗教和平會議諮詢委員，代表心道師父與世界宗教博物館致力「宗教對話」並謀求「愛與和平世界」的精神與努力，獲得國際宗教組織的肯定與支持。

2001　05.01～12

西康「寧瑪噶陀」傳承之行

心　道師父獲「虹光身成就者」轉世認證，率徒眾赴西康求法，並於阿日札寺舉行「坐床大典」，接受藏傳寧瑪派噶陀傳承認證的祝福與加持。

藏傳寧瑪派噶陀傳承持有者十九世莫札法王，在一次禪定深觀中，觀照心道師父為虹光身成就的「確吉多傑」轉世，並授予法號「巴吉多傑（意為吉祥金剛）」；2001年年初法王捎來認證傳承訊息。

此次西康求法之行，心道師父一行在巴加活佛接待下，沿途參訪金剛寺、獅意僧哈（師利星哈）佛學院、岔岔寺等藏傳名剎；之後到達噶陀傳承的阿日札寺，參加該寺舉辦的普賢王如來世界和平大會。5月8日，阿日札寺龍稱法王主持心道師父認證大典，儀式在貝瑪才旺仁波切的見證，以及現場七千多位喇嘛與民眾的觀禮祝福中進行。

龍稱法王（右）主持認證大典。

此次西康求法之行，另一主要目的為赴德格印經院取經，德格印經院為西藏三大印經院之一。取經團由法性法師帶領，著重於藏傳佛教之系統教學上的交流與學習，對日後靈鷲山建立三乘教育法脈有莫大的助益。

波士尼亞和平之行

為了促進宗教和諧，心道師父偕同聯合國「千禧年宗教及精神領袖世界和平高峰會」秘書長巴瓦‧金，前往戰亂頻仍的波士尼亞訪問，拜會波士尼亞境內各大宗教領袖（包括天主教樞機主教、伊斯蘭教領袖Mustafa Ceric教長、天主教領袖Archbishop Vinko Pujic主教）以及當地政府、企業及民間團體，共同商討調解之途以及宗教間和平共處的方式，期盼藉由彼此的溝通與瞭解，讓和平的曙光能在巴爾幹半島綻放。

期間，心道師父並與美國駐波士尼亞大使湯瑪士‧米勒（Thomas Miller）、波士尼亞文化古蹟保護官員Sabira Husedinovic等人會面，眾人對心道法師尊重各種宗教、博愛的胸襟表達肯定與感佩之意，並表示「這是第一次有東方宗教的領袖來到這個烽火連天的地方，也因此次機會，讓台灣與波士尼亞這兩個偏遠的地方得以互相連結，心道法師帶來真正的和解、心靈治療的和平訊息。」

在與當地媒體會晤時，一名波士尼亞記者帶著疑惑的心情問心道師父：「心道法師，真的會有和平嗎？」

師父回答說：「其實和平是從我們的心開始，當我們的心是和平的，那麼外在的世界就會是和平的；因為當外在周遭的人受到我們的影響時，他們就會開始和平。所以和平是從每一個人身邊慢慢擴散出去的，也因此和平是要從每一個人身上去做出來的。」

② 2001　11.09～11

世界宗教博物館開館

歷經十年的籌建，以及百千萬人的努力與盼望，世界宗教博物館舉辦開館慶典，開啟「愛與和平」的嶄新世紀。

為慶祝開館，世界宗教博物館邀請來自三十四個國家、一百八十多位宗教界、藝文界、學術界人士，共同參加博物館的揭幕典禮。

為迎接開館，世界宗教博物館與靈鷲山佛教教團舉辦一系列活動。首先，11月9日上午的開幕儀式，邀請陳水扁總統、聯合國世界和平高峰會秘書長巴瓦‧金等貴賓參加開幕剪綵儀式。下午，靈鷲山護法會亦於館外舉辦「世界宗教博物館啟用獻供大典」，邀請所有靈鷲山信眾共同見證這劃時代的一刻。獻供大典在中國佛教協會傳印法師、香港佛教會覺光法師、永惺法師以及楊釗居士等人上台表達祝賀後，由心道師父、中國國民黨主席連戰先生與護法信眾共同手持二百五十公尺長的「哈達」，走向博物館的入口處，表示歡迎、祝福之意。

世界宗教博物館亦於圓山飯店舉辦兩天的「全球聖蹟維護國際會議——宗教‧博物館‧世界和平」，延續心道師父自1996年參訪中東宗教聖蹟，隔年赴英倫參加「聖地計畫」，乃至本年8月前往東歐波士尼亞關心遭戰火摧殘的宗教聖地，一路以來致力於保存聖蹟之本懷。這次藉著世界宗教博物館開館的機會，邀請各宗教領袖共聚一堂討論如何化解宗教對立，維護宗教聖蹟，以及世界宗教博物館在這個議題所扮演的角色。

11月9日晚上於台北國際會議中心舉辦「世界宗教和諧日祈福大會」，全體與會人員在心道師父的帶領下，正式發表「世界宗教和諧日」宣言，並訂每年的11月9日為「世界宗教和諧日」。包括荷蘭猶太教大祭司Awraham

Soetendorp、黎巴嫩東正教代表Yephrem Tabakian、沙烏地阿拉伯伊斯蘭教代表Al-Aifan、義大利天主教代表Maximilian Mizzi、印度教代表Saraswati、錫克教代表Singh、耆那教代表Amrender Muni Ji、藏傳佛

教寧瑪派Tinly仁波切、台灣道教代表張檉、日本神道教代表Mitsuhashi、印尼印度教女長老（國際宗教與和平會議總裁）Gedong Bagoes Oka及心道師父等人，一起誦念祈禱文，祈願世人在今後的每一年共同慶祝這個深具意義的日子。

11月10日晚上，世界宗教博物館於圓山飯店舉辦「愛與和平」晚宴，會中邀請環保音樂家馬修連恩（Matthew Lien）、C大調室內樂團、達沙西詩舞團等同台，禮讚世界宗教博物館的開館，及「愛與和平」時代的來臨。

11月11日則在靈鷲山無生道場舉辦「閉幕茶禪午宴」，邀請所有參與開幕的貴賓來到無生道場，以隆重莊嚴的五方佛茶禮、金色蓮花茶禮及充滿民俗藝術的表演活動饗客。活動由胡茵夢與苗子傑主持，邀請廷威劇團表演「撼天雷鼓」等民俗舞蹈，以及原住民團體「飛魚雲豹」演出原住民歌曲。

在「911」恐怖攻擊事件甫發生未久，宗教對立、衝突日趨激烈的世界情勢下；以「尊重、包容、博愛」為創館理念的世界宗教博物館開館，代表唯有宗教間平等、和平對話，促進彼此的溝通、了解與尊重並化解對立，才能實現「愛與和平」的世界。

2002　02

「世紀宗教與心靈對談」系列講座

自2002年2月起至4月初，世界宗教博物館發展基金會與靈鷲山般若文教基金會合辦一系列「世紀宗教與心靈對談」講座，廣邀各領域的專家，一同針對宗教與心靈的各種困境進行對話交流，期望能藉由普世價值的建立，為人類找到永久和平、安定的方式。

對談主題包括了：「生死與修行」、「宗教成道與兩性問題」、「教團經濟與資本主義」、「宗教律法與世間法律」、「靈性經驗與科學實證」、「宗教傳播的文化轉變」、「網路社會的宗教未來」、「宗教表達與藝術」、「宗教的視覺與聽覺」。與會座談的學者包括了丁松筠神父、耶穌基督後期聖徒教會王綠寶督導、李永然律師、生態關懷者協會會長李育青、台大教授李嗣涔、佛光大學教授林谷芳、作家胡茵夢、文化評論家南方朔、生態關懷者協會秘書長陳慈美、輔仁大學教授陳德光、東吳大學教授陳國鎮、作家陳文德、中央研究院研究員謝清俊、自由時報副社長俞國基、優劇場藝術總監劉靜敏等。

☯ 2002 　03.06～16

首場「回佛對談」在紐約哥倫比亞大學舉辦

心道師父赴美，於哥倫比亞大學與伊斯蘭蘇菲派人士展開第一場「回佛對談」。

2001年3月，阿富汗巴米揚（Bamiyan）大佛遭塔利班（Taliban）政權摧毀，同年9月美國發生「911」恐怖攻擊事件，在一連串文明衝突的陰影下，全球社會正瀰漫著對恐怖主義的恐慌。2001年底，適逢世界宗教博物館落成。此後，師父不斷地尋求宗教之間增進理解及對話的可能性。2002年起，心道師父及世界宗教博物館發展基金會發起一系列的全球回佛對話行動，藉此推展宗教交流與世界和平的理念。

第一場回佛對談的主旨為「找到共識・共謀和平」，由千禧年世界和平高峰會秘書長巴瓦・金擔任主持人。與談者包括佛教與比較宗教學教授大衛・恰沛爾（David W. Chappell）、伊斯蘭對話論壇（International Islamic Conference of Dialogue）總監阿密・伊斯蘭（Dr. Amir. Islam）、紐約清真寺伊斯蘭教長佛修・蘭弗（Feisal A. Rauf）以及心道師父。與會者分別就「神」的存在及概念，以及對於「無限權柄及榮耀」之詮釋等議題進行討論。

面對宗教衝突益增的世界，師父對一位紐約時報記者表示：「這世界需要柔性的第三力量，來平衡回教與基督教兩股勢力，這第三力量最適合的就是倡導空性的佛教，佛教可以成為和諧對話的橋樑。只有相互的交流、溝通，才能成為朋友，也才能彼此瞭解。」而「回佛對談」講座正是師父此一理念的實踐。

⊿ 2002　04.08

心道師父陞座大典

心道師父原傳承漢傳臨濟法脈，亦曾受南傳羅漢戒法，後再受藏傳寧瑪派噶陀法教傳承，此時，三乘合一的法脈匯流，法法皆攝受、法法皆無礙，本質不立於一法的禪門宗風，於焉完成。

三年來經過種種確認，寧瑪派噶陀傳承莫札法王認證心道師父為虹光身成就者轉世，過去世曾在那爛陀大學修學之密法成就者。莫札法王並為師父賜名「巴吉多傑」，意思是吉祥金剛。

心道師父的陞座大典於靈鷲山無生道場舉行，莫札法王親自委託毘盧仁波切前來主持大典。陞座儀式的意義緣起於釋迦牟尼佛在金剛座菩提樹下開悟，圓滿成佛之後，轉法輪廣行利益眾生，而陞座儀式便是仿效這樣的過程，代表經過認證後，可正式陞座說法，大開法筵，轉法輪弘法利生。

毘盧仁波切並為大眾開示道：「今天藉由一切善心的匯集、同時地理也非常的吉祥；在充滿著天時、地利、一切吉祥的時間，藏傳佛教中最古老的教派——寧瑪派噶陀傳承的領袖莫札法王，為靈鷲山心道法師舉行認證，希望藉由這個認證儀式，能夠證明心道法師往昔是寧瑪派噶陀傳承的成就者。」

☯ 2002　05.11

第二場回佛對談在馬來西亞舉辦

第二場回佛對談於馬來西亞的首都吉隆坡舉行，心道師父親臨座談。

繼美國回佛對談行程後（2002年3月7日），心道師父行腳旋即轉往馬來西亞吉隆坡，與東南亞知名伊斯蘭教組織「公義世界國際運動協會（International Movement For a Just World）」主席千卓拉　穆札法（Chandra Muzaffar）、伊斯蘭教學者鄔斯塔斯（Ustaz Uthman El-Muhammady）以及代表馬來西亞佛教最高長老達摩難陀尊者（Sri Dhammananda），列席的宗教學教授魏嘉亞（Vijay Samaravickrama）等人進行第二場回佛對談。

第二場回佛對談的主題為「立足亞洲・放眼天下──全球化運動在亞洲」。會議由天主教人士大衛・安東尼（David Anthony）主持，與談者分別就「回佛關係之歷史與現況」、「現今回佛信眾所面臨之挑戰」、「回佛兩教的價值觀在廿一世紀新亞洲中的角色」等議題發表看法，並溝通彼此的理念。

會中，師父談及全球物質科技之過度發展的現象，強調二十一世紀亞洲文明的發展重心與走向，應回歸心靈的本源。

2002　05.19～26

北京宗教文化參訪

心道師父領團至北京等地朝聖交流，受到當地文化界及宗教界的熱烈歡迎。這次的朝聖行程朝禮了靈光寺、譚柘寺、戒台寺等佛殿廟宇，靈光寺住持常藏法師為朝聖團舉行了盛大的歡迎儀式。師父於靈光寺念誦愛與和平祈禱文，為新世紀的世界和平與地球永續祈福；而靈鷲山朝聖團及無生茶會也於靈光寺佛牙塔前表演茶禪獻供。

心道師父此行特別於北京拜訪國家宗教局、國台辦、中國佛教協會，20日下午前往北京法源寺參與中國佛學院所舉辦的座談，並發表「新世紀的宗教」一文。當天晚上並假北京國賓酒店，主辦一場為籌募陝西希望工程小學建設經費之「北京之夜──慈善文化晚會」。

師父於「新世紀的宗教」演講中勉勵佛學院的青年學僧，未來將是一個必須以佛法療養的時代，時代的重任將落在各位學僧肩上。這場座談引起熱烈的迴響，而中國佛學院副院長傳印長老更於開示中，表達對於心道師父所宣揚之「愛與和平」理念的認同，以及十年奔走創建世界宗教博物館之悲心的感佩。

師父與北京法源寺年輕學僧交流。

ⓩ 2002　06.28

佛教耆宿妙境長老受邀來山

美國佛教耆宿妙境長老來山參訪，並為山上僧眾法師講授《摩訶般若波羅密經》〈如化品〉殊勝教法。

　　妙境長老與心道師父兩位漢傳佛教大和尚難得一見，親切相會，將行大禮之際，師父在妙境長老頂門觸地前，及時以隻手托住，說：「抱歉，我先了！」說時師父頭已點地，歡喜天真。隨後，兩位行至祖師殿旁法華洞前，長老望著山洞問：「您當時的悟境？」師答：「靈光獨耀。」長老目光灼然，行禮如儀，師父即時扶止。

　　妙境長老為美國法雲寺禪學院創辦人，東北黑龍江省龍江縣人。生於1930年正月，2003年4月17日示寂。妙境長老畢生孜孜於尋求三藏真義，重般若而弘止觀，戒行清淨，悲智雙運，為漢傳佛教富有盛望之大和尚。

⚡ 2002　07.06

第一屆新世紀宗教文學獎

靈鷲山教團舉辦第一屆「新世紀宗教文學獎」，並於本日舉辦頒獎典禮。這是台灣首度以宗教為寫作主題而舉辦的徵文活動，目的在於推動以宗教淨化人心，提昇人性的心靈境界，結合宗教與文學，期望藉由文學創作的方式傳達對生命關懷與生命意義的探索。

新世紀宗教文學獎是繼靈鷲山教團舉辦「生命教育」系列徵文，及世界宗教博物館「世紀關懷」徵文之後，教團第一次與報社媒體合作公開徵文，而讓宗教文學更普及於一般社會大眾的文化活動。

新世紀宗教文學獎由靈鷲山佛教基金會主辦，協辦者除中央日報之外，還有聯合文學、世界宗教博物館發展基金會、聯合報副刊、揚智出版社、國立政治大學社會科學學院中國大陸研究中心等。第一屆的徵文項目包括長篇、中篇與短篇小說，徵文結果於6月揭曉，7月6日於台北市長官邸藝文沙龍舉行頒獎典禮。

此後，宗教文學獎成為年度常設獎，期望藉由鼓勵文學創作，透過書寫與閱讀來分享、抒發情感，並發揚真善美之人文道德的價值觀，為社會種下愛與和平的種子。

2002　07.29～30

第三場回佛對談於印尼舉辦

世界宗教博物館發展基金會於印尼雅加達主辦第三場「回佛對談」，心道師父親臨座談。

此次於印尼雅加達舉行的「回佛對談」及「千禧年青年宗教交流對談」為該系列活動的第三站。由伊斯蘭千禧年論壇（The Islamic Millennium Forum, IMFO）、亞洲穆斯林行動網路（Asian Muslim Action Network, AMAN）、卡蘭青年和平互動網路KALAM、泰國國際佛教徒互動網路（International Network of Engaged Buddhists, INEB）及世界宗教博物館發展基金會共同主辦。

第三場回佛對談的主題為「靈性全球化」，由德國普世教會協會（World Council of Church, German）會長伍夫更・史密德（Wolfgang Schmidt）主持。包括伊斯蘭千禧年論壇會長哈比伯・丘寧（M. Habib Chirzin）、美國佛教學者大衛・恰沛爾、泰國著名社會正義與生態環境運動者蘇拉克・西伐洛克紗（Sulak Sivaraksa）以及馬來西亞「公義世界國際運動協會」主席千卓拉・穆札法等多位學者專家參與座談。

在一連二天的議程中，與會人士一致認為，各宗教應加強交流，拓展眼光和心胸，同時藉助教育來改變及提升心靈境界。

這場回佛對談獲得印尼前總統瓦希德（Abdurrahman Wahid）的大力支持，雅加達媒體亦報導了回佛對談的價值與意義。而對談期間，適逢印尼政府為了是否將回教列為印尼單一宗教而展開論辯；之後，印尼政府未通過單一宗教之合法性，而將五大宗教共同列為印尼合法宗教，可說是這場回佛對談的最好呼應。

🔹 2002 08

靈鷲山開辦慧命成長學院

秉持著心道師父關懷社會人文教育的職志，靈鷲山教團開辦「慧命成長學院」，第一期開始招生。慧命成長學院是心道師父為了增益信眾對佛法的瞭解所設立的學院；希望透過循序漸進的指導，讓各種根器的人都能入門學習佛法。慧命成長學院以「佛法人人可學」為理念，開闢佛法（瓔珞系列課程）及世學課程（歡喜緣生活講座），提供三寶弟子更多元的學佛管道。

學院採取次第的教學、解行合一的指導方針，為學員提供循序漸進的佛法課程與生涯規劃的導航系統，並以社區大學的模式，建立終身學習的管道，不限制年齡、性別、學歷。慧命學院的開辦除了提供教團對信眾及在家眾的教育，更是佛法全方位生命教育的普及。

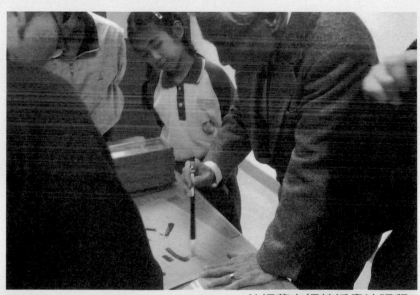

林振華老師教授書法課程。

佛教生死學，陳士濱老師上課情況。

教授神經語言學的王葆琴老師。

九二一震災三周年紀念活動

靈鷲山教團與台中縣政府合作舉辦「『九二一』三周年紀念系列活動」，於台中縣各鄉鎮舉辦為期一個月的紀念活動以及災區重建的成果展示。

震驚全球的921地震經過政府與民間全力投入重建工作後，災區民眾已逐漸能自給自足，展現強韌的生命力。921地震已滿三周年，靈鷲山教團延續關懷生命教育的理念，從「陪同居民走出陰霾，迎向自足自利」、「擴大生命教育工作，養成慧命種子」兩大方向規劃活動，希望藉由這次的活動帶領大眾以希望來祝禱，陪同重建區民眾走出悲情，迎向陽光。

「九二一」三周年紀念活動，自9月起於台中縣各地舉行，內容包括「希望家庭攝影展」、「希望家庭徵文活動」、「石岡媽媽劇團——心中的河流」、「閱讀綠色記憶——親子自行車之旅」、「閱讀綠色記憶

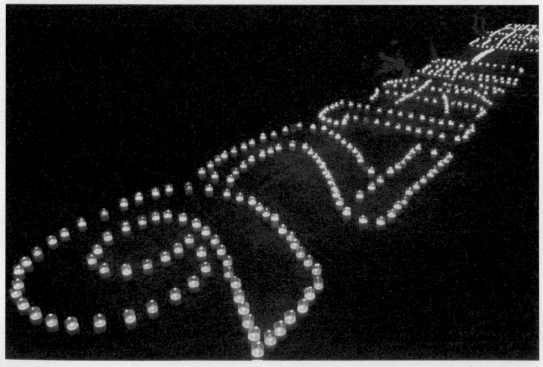

——『小城故事高手』親子夏令營」、「921重建成果展」、「用手心換家園
——走出災區秀手藝」、「彩繪雞蛋打破陰霾」、「牽手　希望進行曲」音
樂晚會及「百帳宿營　天燈祈福活動」等十餘項大小活動。

　　這次活動表現出靈鷲山教團對九二一災區重建的長期關懷，也展現出靈
鷲山落實生命教育的具體與積極做法。

「093斷食之愛——平安禪」推廣

禪修是心道師父修行的根基，因此，為大力推廣平安禪法門，靈鷲山無生道場自本日起，於全台講堂展開「093斷食之愛——平安禪」運動。

「093斷食之愛——平安禪」運動藉由網路視訊的便利管道，由心道師父直接為學員傳授禪法，並鼓勵參與者每月斷食一餐，共同成立「愛心093」專戶，以斷食基金主動關懷與支援身邊的弱勢團體。

「093平安禪」推廣的是一系列的禪修活動，包括了：

每天：禪修三次，每次九分鐘。每週：心道師父以網路視訊進行同步禪修，參與者並斷食一餐，將餐費捐予愛心專戶。每月：心道師父於無生道場領眾雲水禪。每年：舉辦萬人禪修為世間祈福，培養安定力量。

這一系列的禪修活動，都是心道師父及靈鷲山教團有鑑於全球人心的浮躁與接踵而來的社會問題，持

續推動生命教育的具體行動之一，希望藉由禪修讓「尊重、博愛、包容」的理念落實人間。

☸ 2002　10.20～28

緬甸供僧朝聖之行

心道師父率領台灣、香港、印尼及澳洲等地信眾，赴緬甸朝聖。在這次的朝聖之旅中，特別舉辦第一次供萬僧，供養緬甸四十多所寺廟一萬多名僧侶。心道師父更發願未來繼續於緬甸供齋萬僧，讓末法時代福氣不足的眾生，累積生生世世值遇佛法的福德與智慧因緣。

第一場供養萬僧吉祥大法會於10月21日在仰光市的世界和平塔（Kaba Aye Pagoda, World Peace Pagoda）旁摩哈巴薩那聖洞（Mahapasana Cave，即萬人石窟）展開，現場有超過三千位的僧眾。心道師父率領四眾弟子，供養袈裟、僧傘、僧鞋、蒲扇等。這場盛會，邀請到緬甸國家最高僧伽委員會（State Sangha Maha Nayaka Committee）副主席巴丹達　柯薩拉尊者（Agga Maha Pandita Sayadaw Bhaddanta Kesara）代表致歡迎詞、傳授五戒儀式，並舉行滴水功德回向典禮。此行教團與信眾，亦為緬甸邊界成立孤兒院捐助基金，協助阿魯多比國師籌建佛教大學以及修建蒲甘平原上的佛塔。

心道師父22日拜會緬甸婦女暨兒童福利協會（Myanmar Maternal and Child Welfare），並捐贈善款作為該協會照顧發展婦女與兒童福利與設置之用。心道師父並表示，未來將在緬甸成立一所結合休閒與教育功能俱備的全方位孤兒院。

緬甸婦幼福利協會副主席Dr. Khin Win Shwe代表接受心道師父所捐贈的獎助金，並表達對於心道師父致力關懷緬甸地區婦女與兒童之照顧與教養工作的感謝。該協會主席Prof. Kyu Kyu Swe也向心道師父簡介目前緬甸地區的婦女與兒童照養、福利設施，與收容身心殘障院童的狀況。

此行也於仰光舉辦緬甸閉關中心進行灑淨動土典禮，而緬甸閉關中心於2007年4月7日正式開光啟用，成為靈鷲山在緬甸推動各項弘法計畫的重要據點。這一連串的活動感召了緬甸第一祕書長欽紐（Khin Nyunt）上將，上將於整個行程結束後親自前來禮敬師父並接見朝聖團，為此行劃下最圓滿的句點。

↻ 2002　11.01～07

在家五戒暨菩薩戒戒會傳承寶華山戒法

靈鷲山無生道場舉辦「在家五戒暨菩薩戒傳戒會」，首次傳授寶華山的儀軌戒法，特邀戒德長老擔任得戒和尚，守成長老擔任羯摩阿闍黎，大詮長老擔任教授阿闍黎，心道師父擔任依止和尚。這次的「在家五戒暨菩薩戒傳戒會」，完全遵循寶華山的儀軌與要求，正統而嚴謹。

寶華山的戒法在中國佛教的歷史中佔有非常重要的一頁，其傳戒素以威儀周嚴、隆重著稱，法脈莊嚴。此外，1973年師父在苗栗法雲寺受三壇大戒時，即為寶華山戒法，以此眾緣之故，師父希望靈鷲山能將寶華山的戒法予以復興宏揚。

靈鷲山五戒暨菩薩戒會完全遵循中國寶華山的儀式與要求，除戒會全程採跪地懺拜之外，唱誦時更配以古制行儀。除了戒法的傳授，亦安排朝山、焰口等佛事，還有通宵清心懺悔等課程，使得這場戒會的儀式更為隆崇殊勝。戒會期間，十方信眾踴躍護持，龍天護法歡喜護戒，成就一場莊嚴殊勝的法會。

戒會三師和尚——大詮長老、戒德長老、守成長老（從左至右）。

2003 01.14～21

心道師父赴印度
參加「靈性復興與人類價值觀」國際會議

心道師父接受印度「生活的藝術基金會（Art of Living Foundation）」古儒吉（Guruji）大師的邀請，前往南印度班格羅（Bangalore）參加基金會總部禪修中心落成典禮及「靈性復興與人類價值觀」國際會議，並於1月17日為新大廳的展覽室舉行剪綵及祈福儀式。

生活的藝術基金會為一國際性非營利的教育慈善與人文組織，由印度的聖者詩麗‧詩麗‧若威香卡（Sri Sri Ravi Shanker，又稱古儒吉大師）於1982年在美國創立。

古儒吉大師曾被瑞典電視台特製採訪專輯並譽為「世界三大智者之一」，2000年受美國舊金山市長頒贈「人類最大貢獻獎」，此外古儒吉大師所成立的基金會也是聯合國非政府組織（NGO）及世界衛生組織（WHO）的成員。

☯ 2003　04.12

第一屆「萬人禪修」活動

靈鷲山佛教教團於羅東運動公園舉辦「斷食之愛‧萬人禪修——噶瑪蘭心靈饗宴之夜」暨二〇〇三年度委員授證大會。

　　本年是靈鷲山首度舉辦萬人禪修，約有八千人參與活動同修。近萬人圍繞在湖畔池光旁，在心道師父的帶領下，一起寧靜禪修，這樣的盛況在台灣可說是空前未有。

　　如此一個大規模的活動並非偶然的發起，而是在靈鷲山的發展脈絡中，集聚了師父的願力以及眾人的心力推展而成。心道師父十年塚間苦修的根基便是禪修，而靈鷲山長期以來持續地舉辦各式禪修活動，從每季深入社區舉辦親子禪，到每月無生道場所安排的雲水禪，再到每週各地講堂的平安禪，每每在不同的時空情境及日異的時代軌跡中，有系統地植入禪修的種子，期望為這塊土地培養安定、祥和的能量。而這股逐漸凝聚的力量便是年度「斷食之愛‧萬人禪修」的緣起。

　　第一屆萬人禪修於師父禪修的故地——宜蘭舉辦，活動雖然只有短短四個小時，但遠在一年多以前，宜蘭地區的幹部便開始熱身，更遠道前往泰國法身寺參訪，學習十萬人禪修的內容、過程與方法。執行長陳松根師兄表示：「希望能給這紛紛攘攘的社會一份品味寧靜的可貴，也想給大眾清楚瞭解靈鷲山開山和尚的慈悲與宗風。」正是這樣一份心念推動了「斷食之愛‧萬人禪修」的舉辦。

　　「斷食之愛・萬人禪修」結合了禪修以及斷食的精神，心道師父並於活動中，將一年來每週五晚上平安禪共修之際，信眾捐贈的晚餐費用轉贈給宜蘭縣政府。

　　活動當天，與會貴賓包括了道教秘書長張檉、東正教李亮神父、天主教狄岡樞機主教、天帝教開導師李光龍以及猶太教、印度教、台灣原住民、日本神道教代表等人，分別上台致詞，以不同的語言、禱詞，共同為台灣社會祈福。

　　隨後，心道師父為眾人傳授「平安禪」法門，在湖光倒影與師父的法教中，眾人遠離掛罣、享受現下的寧靜，將萬人共修的巨大能量延伸而為愛與地球和平家的願景！

↺ 2003　05.05～07

第四場回佛對談在巴黎舉辦

由「愛與地球和平家（GFLP）」、「世界宗教博物館發展基金會」與「聯合國教科文組織（The United Nations Educational, Scientific and Cultural Organization, UNESCO）」共同舉辦的「回佛對談——全球倫理與善治」國際會議，於巴黎時間5月5日在巴黎UNESCO中心正式開幕。

與會貴賓包括了聯合國教科文組織宗教交流負責專員羅莎‧葛瑞歐（Rosa Guerreiro）、馬來西亞「公義世界國際運動協會」主席千卓拉‧穆札法、德國慕尼黑大學宗教研究教授麥克‧布魯克（Michael Bruck）、美國佛教學者大衛‧恰沛爾、世界宗教博物館國際計畫主任瑪莉亞‧哈比托（Maria Reis Habito）、南非開普敦宗教交流會創始會員之一穆罕穆德‧卡吉（Mohammed Kagee）、德國普世夥伴協會會長伍夫更‧史密德、泰國著名社會正義與生態環境運動家蘇拉克‧西伐洛克紗、印尼前總統瓦希德（Abdurrahman Wahid）、塞拉耶弗伊斯蘭研究會委員阿罕穆德‧阿里巴希（Ahmet Alibasic）、斯里蘭卡佛教比丘達摩拉達那（Ven. T. Dhammaratana）、伊斯蘭千禧年論壇會長哈比伯‧丘寧以及耶路撒冷世界宗教智慧研究以利亞學院（Elijah Interfaith Academy）主席阿隆（Alon Goshen-Gottstein）、聯合國教科文組織藝術文化組主任米拉葛羅‧可羅拉（Milagros del Corral）、西藏佛教達摩中心的達波仁波切（Dagpo Rinpoche）、法國史翠斯堡馬不羅區大學教授艾瑞克‧傑弗洛依（Eric Geoffroy）、聯合國教科文組織與聯合國代表世界佛教協會副主席安那達‧古魯吉（Ananda W. P. Guruge）、歐洲佛教聯盟榮譽會長丹尼斯‧廷恩卓（Lama Denys Teundroup）以及法國愛馬仕副總裁賽門‧撒維爾‧葛蘭德愛馬仕（Simon Xavier Guerrand-Hermès）。

　　巴黎「回佛對談」是心道師父所發起的全球回佛對談系列中的第四場，目的在於促進宗教間的交流與和平。適逢5月1日美伊戰爭停戰，因此這次的對談格外受到各界矚目。而此次會議也針對近年來國際社會所發生的一連串衝突事件談起，進而討論各宗教間應如何落實區域合作計畫，以解決宗教間的紛爭與衝突，並突破無法以政治或外交手段解決的國際問題。會議的主要議題為：「全球倫理與善治」、「宗教對暴力的回應——從起因談治療」、「宗教交流與和平教育」。

　　心道師父在會中提出「生命共同體」的立場，強調回顧人類目前所知的文明史，檢驗其中的教訓，尋找世界發展至今的意義，並尋求改善，而這即是「全球倫理」的緣起。

　　第四場回佛對談展開了三天的議程，獲得了十分豐碩的成果。會議結束後，各國與會者一同前往巴黎的佛寺禪修，也一同至清真寺享用甜茶，充分地體現了回佛對談所強調之不同宗教間共存共榮的和諧精神。

師父參訪藏密佛寺為眾傳授平安禪。

⊘ 2003 05.25～06.16

護國息災抗SARS楞嚴大法會

4月起，以亞洲為主的全球SARS疫情爆發，全台籠罩於疫情恐懼中，心道師父為安定人心、平息疫難，帶領全山法師遵循古制，啟建連續廿一天的「護國息災抗SARS楞嚴大法會」。

師父並將加持過的《楞嚴經》及〈楞嚴咒〉文，送給象徵台灣國土五大方位的三貂角燈塔、馬公港燈塔、鵝鑾鼻燈塔、鼻頭角燈塔和玉山頂等五方國土代表，祈請經咒的加持力守護全台灣。此外，同時展開一億遍〈楞嚴咒心〉募集活動，匯集眾人的善念愛心，以期改變SARS這全球的共業。

6月15日無生道場週年慶當天，靈鷲山亦舉辦〈楞嚴咒〉共修以回向疫病除滅，中國佛教會理事長淨良大和尚與副總統呂秀蓮皆上山捻香祝禱，並向和平醫院殉職同仁的家屬致意。

法脈傳承

護法弘化

生命教育

宗教交流

⚡ 2003　08.06～13

第十屆水陸空吉祥大法會

靈鷲山教團啟建「十年水陸‧萬世慈悲」水陸空大法會。今年是靈鷲山水陸法會第十周年。對靈鷲山教團而言，水陸法會和教團與靈鷲人有著密不可分的聯繫。因此，今年水陸法會特別於現場舉辦水陸特展，帶領著信眾一起回顧靈鷲山水陸法會的緣起、特色、展望與十年來的各式面貌。

是年，更逢泰國僧皇所贈送的成功佛抵達台灣，因此於8月8日，法會特別舉行南傳佛教儀軌：為成功佛「披袈裟」暨開光儀式。泰國僧王寺探兆坤法師（Mahanayok Phra）、藏傳代表巴里仁波切與十二位喇嘛、泰國國家藝術廳教授、僑務委員陳水龍及立法院院長王金平等貴賓，皆蒞臨會場。靈鷲山教團為成功佛披袈裟，是台灣首次舉辦，也是水陸法會頭一次集南傳、漢傳、藏傳三乘法師於一堂。心道師父表示，當我們為成功佛披上袈裟，就如同為現場與台灣每一位人民披上成功袈裟，同時集合最多的祝福與念力，為台灣祈福。

今年的水陸法會，在南傳佛教方面，有自泰國迎回的成功佛來台為民祈福；同時藏傳佛教在密壇進行佛事；至此，靈鷲山水陸法會完整地具足了三乘佛法的加持。

₴ 2003　09.04～10

心道師父於聯合國NGO年會發表演說

心道師父率團赴美弘法,並以「愛與和平地球家(GFLP)」創辦人身份受邀參加於紐約聯合國總部召開的第五十六屆非政府組織(Non-governmental Organization,以下簡稱NGO)年會,並發表「宗教對談對和平的貢獻」演講。

心道師父此次是第二次參加與會NGO年會,2002年9月師父亦曾應邀與會,並與聯合國秘書長安南等代表在「911事件」周年紀念中同台祝禱、祈福。

此次NGO年會,師父以多年從事宗教交流以及舉辦多場回佛對談之經驗,應邀於大會中發表「宗教對談對和平的貢獻」演說,並在問答中說:「我是戰爭下的一個產品,如何消除戰爭的痛苦,是我一直想要推動的。我深深體會到戰爭不可能帶來和平,只有推動最大的和平才能解決最大的衝突!」

會議結束後,師父接受聯合國附屬組織和平大學(University for Peace,UPEACE)校長莫瑞斯‧史壯博士(Dr. Maurice Strong)及其夫人漢娜(Hanne Strong)的邀約,前往位於科羅拉多州的柯瑞斯東(Crestone)印地安聖地保護區參訪。聖地保護區建立在水晶岩層之上,磁場感應力十分強盛,因而成為世界各宗教靈修者的聚集處。師父曾於2000年參加聯合國千禧年世界宗教暨精神領袖和平高峰會議後,應漢那女士之邀參訪此聖地,並發願在此成立禪修中心,即靈鷲山科羅拉多州閉關中心。

☯ 2003　09.16

靈鷲山開辦三乘佛學院

靈鷲山無生道場開辦「三乘佛學院」，本日舉行成立暨開學典禮。靈鷲山「三乘佛學院」的成立緣起，來自心道師父的悲心。心道師父本著尊重、包容、博愛的同體大悲精神，將自己歷經數十年頭陀苦修內證所體悟到的禪法，配合三乘教理的傳授，成立靈鷲山「三乘佛學院」，為有心求道者開一道方便之門。

三乘佛學院在心道師父及佛光大學藝術研究所所長林谷芳、貝瑪仁增仁波切、洛桑滇增堪布等人共同主持剪綵儀式後，於無生道場的龍樹學堂正式成立。師父更為新進學員開示道：「三乘佛學院的成立是傳承佛法教育百年基業的起始，也就是『傳承諸佛法，利益一切眾』。」

靈鷲山三乘佛學院在學制上分為四階段：初修部、進修部、專修部及覺修部，以此四階段並配合戒、定、慧三學分門別類，次第地將三乘佛法提供予學員聞思修，此

外並有「早晚禪坐、四季禪修閉關」禪修行門，以及在志業體服務的生活禪道用，期許學員們能達成福慧雙修、解行並重的實踐成果。

↩ 2003　12.14～17

心道師父受邀參加
第一屆以利亞世界宗教領袖會議

心道師父前往西班牙塞維亞市（Sevilla）參加以利亞宗教交流學院（Elijah Interfaith Academy）舉辦之「從敵意到善意」世界宗教領袖會議。

以利亞宗教交流學院的總部設於烽火不斷的以色列，是聯合國教科文組織贊助的機構，其成立宗旨是為了促進跨宗教的交流與促成世界和平，為從事和平工作的重要組織，主要由以色列宗教團體所組成由阿隆・葛斯坦博士（Dr. Alon Goshen-Gottstein）主持。

2003年年底，以利亞跨宗教學院於西班牙召開第一屆宗教大會，探討宗教間的敵意與善意以及人類繁榮的希望，從猶太教、基督教、回教、印度教以及佛教的看法，來探討種族仇視的問題。這次的會議由代表五種宗教的八

位學者共同籌劃，而心道師父則為主席團的佛教代表與召集人，除了負責邀請世界各地的佛教領袖共襄盛舉之外，並提出佛教觀點之書面意見。

✷ 2004　04.25～27

心道師父赴伊朗參加
摩塔哈里思想國際研討會

心道師父因長期推動宗教交流的努力而引起各界關注，受邀前往伊朗參與「摩塔哈里思想研究國際會議」（World Conference on Motahari's Thoughts），並發表談話。

　　紀念伊朗偉大的思想家摩塔哈里（Morteza Motahari）被刺殺二十五周年，由「伊朗國家電視臺」主辦的「摩塔哈里思想研究國際會議」，邀請世界上近百位宗教、哲學及政治的學者發表研究論文。除伊朗現任總統及前任總統皆出席致詞之外，現場每天都有超過上千位來自伊朗各地的學者及學生與會旁聽。

　　為了心道師父的到來，大會特別於會中安排一場宗教對談──宗教的責任：與其他宗教對話。師父並於大會第二天以「宗教對話如何看待不同宗教者」為題發表演說，並強調，在相互依存的世界裡，所有不同宗教都應該努力嘗試彼此了解、對話、尊重和包容，才能成就人類永恆的幸福。

2004　07.04～14

心道師父參加西班牙世界宗教會議

心道師父受邀參加於西班牙巴塞隆納舉行的2004年「世界宗教會議」。心道師父於1999年參與第二屆在南非開普敦舉行的世界宗教會議，此番受大會邀請，再度參加，並出席五場研討會。

「世界宗教議會」（Council for Parliament of World's Religions，簡稱CPWR），是由各宗教領袖所呼籲成立之推動和平的組織，從其成立百餘年的歷史來看，近年來始有佛教團體加入，扮演積極的角色，此一開創性的意義與影響力，將於近代佛教發展史上標示出一個里程碑。

此次參與世界宗教會議的人士包括來自全球各地的宗教領袖、學者、和平工作者與青年代表。除心道師父外，與會貴賓還有2003年榮獲諾貝爾和平獎的伊朗律師Shirin Ebadi、印度靈修大師Sri Mata Amritanandamayi Devi、宣揚與推動全球倫理的著名學者孔漢思（Hans Küng），以及馳名國際的宗教對話學者潘尼卡（Raimon Panikkar）等人，近八千人參與盛會。

在7月9日的「宗教交流所面臨的挑戰」座談會中，特別邀請孔漢思博士與心道師父對談，共三百多位聽眾列席聆聽。而心道師父與世界宗教博物館所推動的全球回佛對談系列，也於7月11日在會場進行第五場座談。其他發表主題還包括「博物館與宗教交流的關係」以及「如何與青年連結」。

最後一天的閉幕式中，大會邀請心道師父手捧哈達唱誦六字大明咒祈福，師父渾厚的咒音，在擠滿三、四千人的大廳內繚繞不絕，在座所有觀眾響起如雷的掌聲，為大會劃下完美的句點。

此外，師父此行也應邀出席於蒙塞拉聖山（Montserrat）舉行的領袖研討會，與四百位各界精英，針對「支援國際難民」、「解決發展中國家的外債問題」、「克服宗教暴力」及「增加清淨水資源」等四大全球性議題進行討論。

師父與以利亞協會主席阿隆合影。

師父手捧哈達為大會祈福。

☯ 2004 08.28～29

「全球化進程中的宗教文化與宗教研究」研討會

靈鷲山教團與中國社會科學院世界宗教研究所，於北京聯合舉辦「全球化進程中的宗教文化與宗教研究」海峽兩岸學術研討會。

心道師父在2000年聯合國世界宗教精神領袖高峰會中，與中國社會科學研究院結下善緣，種下了雙方擴大交流的善種子，故而於今年與此一國家級研究機構共同主辦這場學術交流研討會。

此次會議共有十四位來自中國、台灣、日本的專家學者，針對宗教的全球化、對話、信仰、教育等面向，予以深度的探討。會議有三個主題，分別是：「宗教對話與宗教學術交流的時代意義」、「中西宗教信仰模式的比較」以及「宗教教育對全球倫理普世價值的作用」。

心道師父在開幕發言中發表「覺醒的力量：華嚴世界觀與全球化展望」論文，從宗教的角度指出應促進全球化良性的循環，走向共存共榮的全球化；並強調全球化的前提，必須建立尊重、包容、博愛的共識，引導世界走向和平。

「全球化進程中的宗教文化與宗教研究」研討會，是雙方交流的具體成果，其不僅具有學術研究的客觀價值，更讓兩岸在宗教文化與宗教研究中，找到彼此對話與交流的開放空間。

☯ 2004　11.06〜12

高登夥伴城市國際會議

世界宗教博物館、靈鷲山教團與「高登合作與和平協會」（Goldin Institute for Partnership and Peace）共同主辦2004年夥伴城市國際會議（2004 Partner Cities International Conference）「靈性與生態永續：水——我們共同的根源」宗教論壇。

　　「高登合作與和平協會」是世界最大的宗教組織「世界宗教議會理事會」（CPWR）之附屬機構。每年高登協會都會在全世界選擇一個城市，舉辦全球性的「夥伴城市」年度會議，邀集來自二十多個城市、將近八十多位在世界各地從事宗教交流活動的宗教團體與民間團體代表參與年度會議，透過彼此經驗的交流與分享，為宗教對話建立世界連結網。其目的是汲取宗教智慧，以跨宗教的合作與實踐為基石，關注全球與在地的社會議題，並藉由夥伴關係的建立，在草根基礎上推動和平工作，以增進全人類的福祉。

　　2002年，「夥伴城市」年度會議首度在芝加哥舉辦，2003年則於西班牙鄰近巴塞隆納的蒙瑞莎市（Maresa）為大會地點；至於2004年的年度會議，由於高登協會的創辦人黛安女士（Diane Goldin）以及執行長Travis Rejman特別稱許世界宗教博物館在國際宗教交流的重要性，故選定在台北市舉行，敦請心道師父暨世界宗教博物館發展基金會共同擔任主辦單位。

　　「靈性與生態永續：水——我們共同的根源」宗教論壇於11月6日在台北圓山飯店舉辦開幕儀式，11月7日起在台北市政府展開為期六天的議程。合辦單位包括了台北市政府，協辦單位為中華民國宗教與和平協進會、中國回教協會、中華天帝教總會、中華民國一貫道總會、南鯤鯓代天府、台灣基督長老教會總會、台灣神學院。

　　本活動共邀請上百位世界各宗教領袖、代表，以及國內外生態環保專家、學者一起探討全球生態以及水資源等問題，座談會的主題包括生態的關照和環保行動等。

　　心道師父對國內外重要貴賓致詞時強調，「水」代表潔淨、懺悔等靈性意義，更是一切的根源；呼籲大家珍惜水資源，也希望大家體認世界一家的事實，共同協力解決全球的缺水問題。

「台灣心靈白皮書問卷調查報告」公布

為探索台灣民眾近年來的心靈狀態，以及造成不快樂的成因，靈鷲山佛教教團及會診台灣心靈研討會籌備處共同委託世新大學民意調查中心，針對台灣二千三百萬民眾的「心靈」、「心情」及「心理」各項指標，進行抽樣問卷調查，做出「2004守護台灣心靈」的問卷調查報告。本日在心理輔導作家游乾桂、師大國文系教授林安梧等多位專家、學者連袂出席下，正式公布「台灣心靈白皮書問卷調查報告」。

靈鷲山強調，心靈白皮書的公布，除希望探索台灣心靈這塊鮮為人知的領域之外，還有另一深層意義，就是喚醒大家回歸靈性，進而重視生命教育。因此，繼心靈白皮書問卷調查報告公布之後，更於台北市立圖書館舉行「會診台灣心靈」研討會，邀請精神科醫師、學者、作家、教育界代表與宗教界人士各就相關議題，一起來探討與了解台灣人面臨什麼樣的困境，以及如何因了解而尋求出可能的解決之道。

心道師父在會中以「有健康的心靈，才有尊嚴的台灣」這句話，提醒大家要找回內心的平衡。

自今年起，心靈白皮書成為靈鷲山的例行活動，每年歲末年終之際，藉由調查報告及專家座談來會診台灣人的心靈困境，並從各角度提出安定人心的方法。

第一天議程與談貴賓，左起：林端、曾昭旭、簡錦標、漢寶德。

2005　01.01

宗教聯合勸募　援助南亞海嘯災民

靈鷲山教團聯合國內宗教團體成立南亞救援行動組織——「台灣宗教南亞賑災聯合勸募」，一同募款為斯里蘭卡搭蓋一千棟可永久居住的愛心屋。

2004年12月26日南亞大海嘯造成了十多萬人罹難，並造成數十萬人無家可歸。心道師父聞訊後，立即將「斷食之愛」數十餘萬善款全數捐輸救災外，並在12月31日當天的視訊平安禪修中，呼籲所有靈鷲山弟子每週捐出斷食一餐所得，協助災區難民，並發起募款活動，設置長期的救援基金。

斯里蘭卡國會議員索比塔長老（Ven. Omalpe Sobhita Thero），災後也立刻向靈鷲山教團發出求援訊息。心道師父隨即指示靈鷲山聯合國內各宗教團體，共組「台灣宗教南亞賑災聯合勸募」組織，聯合一貫道總會、台灣基督教長老教會總會、天主教明愛會、中華天帝教總會、巴哈伊教台灣總會、中國回教協會、中華道教總會以及中國佛教會等宗教團體；推舉中國佛教會淨

良長老擔任榮譽主席、心道師父擔任主任委員、一貫道蕭家振副秘書長為執行長、世界宗教博物館發展基金會擔任執行秘書，串連救援募款行動，以及愛心屋建築之各項工作。

心道師父表示，大家短時間內聚集在一起為援助南亞聯合勸募，就是把宗教整體共識力量展現出來，師父並希望這次的發起經驗能成為未來跨宗教的合作模式，朝向愛與和平地球一家的理念邁進。

2005　01.20

世界宗教博物館「愛的森林」開展

關心兒童生命教育世界宗教博物館為了服務廣大的親子觀眾群與學校團體，讓兒童們能擁有一個自由、快樂、充滿創意及想像力的空間，能在此探索、學習及成長，故而兒童專屬展覽館——「愛的森林」於2005年正式誕生。

心道師父曾說：「生命教育不只是一種知識而已，它也是一種實踐，讓我們能更加欣賞生命與喜歡生命。」世界宗教博物館兒童館，便是一個以「生命教育」為主題的展覽空間，也是世界宗教博物館在宗教主題之外一項嶄新嘗試。兒童館內精心設計了「愛的森林——尋找奇幻獸」的遊程，展示設計著重於感官的互動以及情意認知，讓兒童在遊戲玩耍中學習愛的真諦，並學習珍惜生命的美好無盡。

心道師父在致詞中提到，博物館一直致力於推動愛與和平的理念，而這個兒童特展就是從這個主題出發，希望讓兒童進入「愛的森林」體驗何謂「愛」，然後再把愛帶回家，由家庭散播到社會，帶給社會安詳美好。策劃這座「愛的森林」的館長漢寶德則表示，生命教育一直是博物館推動的目標，而世界宗教博物館開館三年多來，這也是訴求最年輕的展覽，充分發揮博物館就是遊玩、創作與學習的特色。

☯ 2005　03.01～09

美國印地安保護區訪問行

2000年9月，心道師父曾受邀參訪科羅拉多州靈修區與印地安保護區，並參觀位於新墨西哥州的印地安保留村落。

　　2005年3月，師父赴美弘法，而在美期間除接見美東地區的信眾外，更再度前往新墨西哥州印地安保護區參訪，並拜訪致力於保護印地安文化的鼠尾草協會（SAGE Council）。

　　師父在致詞中稱許印地安人的文化，他認為印地安文化非常重視和諧，這種尊重自然、結合自然為一體的文明，才是長久的文明。師父更表示，在與原住民的相處中，能學習到他們對土地及萬有的尊重，而他也非常期盼對這環保的文化有更深入的了解。在協會的安排下，師父參觀協會所屬的國家公園與聖地，當地族人也恭請師父主持祭祀儀式。

　　心道師父多年宗教交流的經歷，與北美印地安原住民產生許多互動，更經常讚嘆印地安文化是世界靈性文明的瑰寶，而這份靈性文明的精神，與師父推動地球一家、心靈環保的理念是不謀而合的。

左側邊欄：
法脈傳承
護法弘化
生命教育
宗教交流

心道師父榮獲斯里蘭卡「修行弘法貢獻卓越獎」

心道師父赴斯里蘭卡安比利匹提亞市（Embilipitiya），接受斯里蘭卡國家最高佛教榮譽「修行弘法貢獻卓越獎」的殊榮。斯里蘭卡總理摩新達（Mahinda Rajapaksa）亦到場祝賀，並頒贈斯里蘭卡國家佛教最高榮譽法扇。

心道師父在大菩提基金會索比塔長老的推薦提名下，經斯里蘭卡佛教三大支派之Rāmañña Nikāya組織，檢送斯里蘭卡各省市代表委員審核，經三十八位委員全員審核通過後，送至最高等佛教機構複核，依此程序通過重重審核，方得獲此最高榮銜。此項榮銜過去十年內，僅有兩名非斯里蘭卡本國人獲得，而心道師父是台灣獲得此項殊榮的第一人。

斯里蘭卡乃佛教國家，根據傳統，「修行弘法貢獻卓越獎」的候選人，必須具足：一、修行過程清淨圓滿；二、積極弘法布教、發揚佛教精神；三、普為各界尊敬推崇。心道師父二十餘年來發無上願力，致力宏揚佛法，故而獲此榮耀。

❂ 2005　08.06

心道師父獲「穆提拉尼赫魯和平包容和諧獎」

心道師父獲印度推動宗教交流的伊斯蘭教組織「宗教交流和諧基金會（Inter Faith Harmony Foundation）」頒贈「穆提拉尼赫魯和平包容和諧獎（Pt. Motilal Nehru National Award for Peace, Tolerance and Harmony）」。

今年，心道師父與第十四世達賴喇嘛共同獲得印度宗教交流和諧基金會的獎勵。「穆提拉尼赫魯」為印度國家級大獎，並由印度前總統納拉亞南（Kocheril Raman Narayanan）主持頒獎。心道師父這次獲獎，乃緣於師父十餘年來孜孜矻矻於推動宗教和平的志業，不僅創建了以「愛與和平」為宗旨的世界宗教博物館；更於美國911事件之後，於美國紐約哥倫比亞大學、印尼、馬來西亞、法國「聯合國教科文組織中心」總部等地舉辦「回佛對談」，期望透過佛教的柔性力量，促成宗教間的對話，進而化解各宗教的歧見與誤解。

「摩訶菩提樹」聖植靈鷲山

為了推崇心道師父的修行成就，以及肯定師父多年來推動國際宗教和平與對話、創立世界宗教博物館、發起跨宗教聯合勸募賑濟南亞大海嘯等貢獻，並表達靈鷲山教團在全球弘揚佛法的肯定，斯里蘭卡致贈國家聖物摩訶菩提樹予靈鷲山教團，今日於無生道場舉行聖植大典。

佛陀證道時的菩提樹，雖然早已不復存在；但在阿育王時期，王女僧伽蜜多曾將其分枝帶到斯里蘭卡種植，此即是斯里摩訶菩提樹。

摩訶菩提樹苗在斯里蘭卡被視為宗教聖物，須獲得斯里蘭卡政府和「斯里摩訶菩提廟（Sri Maha Bodhi Temple）」同意並發給證書才能出境，而且規定要由斯里摩訶菩提廟的住持高僧親自護送並植於聖地。

8月11日，兩株摩訶菩提樹苗在斯里摩訶菩提廟住持斯瑞尼瓦薩（Ven. Pallegama Siriniwasa Thero）等兩位高僧與國會議員索比塔長老護送下抵達台灣。8月21日於無生道場舉行聖植大典，由副總統呂秀蓮，以及代表三乘傳承的索比塔長老、妙法寺戒德長老、藏傳洛桑滇增堪布和心道師父共同主持聖植儀式，祈願佛法在台灣土地上生根、茁壯。

心道師父表示，摩訶菩提樹代表佛陀的正覺，摩訶菩提樹分株來台植栽於靈鷲山這塊現代佛教聖地，除象徵佛陀慧命的傳承，也是靈鷲山開展聖山建設、華嚴世界的一個里程。

🌀 2005　09.07～15

心道師父北京講學：從本地風光到華嚴世界

心道師父受邀至北京訪問，於9月13日北京大學哲學系所發表「從本地風光到華嚴世界——談靈鷲山教團文化理念與國際發展」演說。師父在演說中強調：「面對全球化危機，西方的反省與東方的覺醒，是文明平衡之一體兩面的契機。」

這場演講聚焦在靈鷲山教團多年來所發展出的文化理念與國際宗教交流，並從這些具體的事例中，闡揚佛陀教法中華嚴世界的信念。

特別值得一提的是，本次北京行的訪問演講，在現場師生的見證下，心道師父以靈鷲山佛教教團創辦人的身分，與北京大學簽署一份「宗教對話講座」備忘錄，雙方相約每年持續召開宗教對話講座，來為宗教間的彼此瞭解與合作注入活水，並且衷心期望以此論壇所激發的智慧來滋養世界。這份美好的祝願，期盼藉由心靈和平而共同推動世界和平。

2005　11.28～12.01

第二屆「以利亞國際宗教領袖會議」
於無生道場舉辦

2003年年底，心道師父接受以色列以利亞宗教交流協會（The Elijah Interfaith Institute，原「以利亞宗教交流學院」）邀請，做為佛教召集人，負責邀請世界各地的佛教領袖參加第一屆「以利亞宗教領袖會議」。而為了推崇心道師父與世界宗教博物館對推動和平的貢獻，以利亞宗教交流協會決定來台灣舉辦2005年第二屆宗教領袖雙年會，落實與台灣宗教界更密切的交流。

本屆會議由世界宗教博物館發展基金會與聯合國以利亞宗教交流協會共同舉辦，共來自廿多個國家，六十多位宗教領袖及代表齊聚無生道場；斯里蘭卡國家佛牙守護者—尼南迦（Nilanga）亦親臨與會。在四天的密集會議中，以「神聖的危機」為主題，探討國際衝突及社會亂象的可能解決之道，以及宗教在其中能扮演的角色。

談到「神聖的危機」，心道師父認為，首先要探討宗教的靈性本質，包含人自身的神聖性，及整個社會、世界的神聖性；而佛教說人人可成佛，就是指體會到自身內在的神聖性。師父的這一番開示，點出了人類回歸神聖的起點。

🔁 2006　02.12

心道師父入關聖典

本著「不忍眾生苦，不忍聖教衰」的悲心，心道師父決定閉關一年；本日靈鷲山無生道場舉辦心道師父入關聖典。

心道師父從來沒有間斷過閉關，有時七天、十天、二十一天，也有更長的期間，而在弘法的時候，亦都是在作閉關的準備。

1976年，師父在宜蘭礁溪公墓塚間修行，開始了頭陀苦行；1983年開始斷食閉關，直到1986年，師父為赴印度朝聖出關，長達二年的斷食才結束。出關開山至今二十年，師父每年仍然帶領徒眾四季閉關和每星期一的封山閉關，並且進行了多次個人階段性時間不等的閉關計畫。

師父此次入關，是行者的示範，為了弟子們的傳承，也是為了利生的資糧。師父更勉勵四眾弟子要發願，學習承擔如來家業，而這次師父閉關的緣起，也提供弟子們直接領受法教與承擔行願的絕佳機會。

ꊰ 2006　03.13

心道師父榮獲緬甸頒贈
「國家最高榮譽弘揚佛法貢獻卓越獎」

心道師父連續五年在緬甸地區供齋萬僧，並推動佛國種子獎助學金認養專案、孤兒教育院興建計畫，也大力推動緬甸當地佛教古蹟、寺廟的修復工程，如此長期的弘法善行受到緬甸政府的推崇，特頒發國家榮譽獎章予師父。

緬甸國家榮譽獎項共分為三級，一般得獎者通常從第三級開始，而後漸次得到更高的肯定，而心道師父第一次獲獎，即榮獲一級獎章的推崇。今年，緬甸所頒發的國家榮譽一級獎章，共有六十三人獲獎，師父為榮膺此一榮耀之兩位外國人之一，且是獲獎者中最為年輕者。

3月下旬，靈鷲山教團派法師代表領獎。舉行頒獎的地點，選擇在具有傳統的緬甸和平石窟中，此一石窟是第六次南傳三藏經典結集的地方，具有傳承加被之意。

⟳ 2006　08.12〜18

靈鷲山於香港啟建水陸空大法會

靈鷲山所舉辦之水陸法會，儀軌嚴謹，因此香港企業家楊釗師兄特別虔誠祈請靈鷲山教團前往香港舉辦一場兩岸三地的水陸法會。

2005年9月，心道師父親臨香港，加持九龍灣一號工地現場，當時楊釗即祈請師父於香港啟建水陸法會。2006年元宵，心道師父發願閉關一年，特別囑咐弟子於香港啟建水陸法會時需更加謹慎用心。

本次水陸法會集結了兩岸三地諸山長老等共一百多位法師會於一處，共同祈求「佛法常住，二六吉祥，道業永存，四時平安。」本次水陸壇場更具「三殊勝」：一者，二位國寶級佛教人瑞大老——本煥長老、戒德長老之首次會師，具緣起殊勝；二者，因楊釗居士請法殷切，兩位長老印許加誦二十四部《六祖壇經》，具宗門殊勝；三者，兩岸三地長老匯集，並邀釋迦仁波切主法密壇，具顯密圓滿殊勝。

主法和尚，左起：永惺老和尚、本煥老和尚、融靈老和尚。

2007　02.03

心道師父出關聖典

閉關一年的心道師父於本日出關。一早，靈鷲山全球各地的弟子以虔誠謹慎的心，身著海青、神色莊嚴地迎接師父出關。

心道師父勉勵大眾以大悲心為根，把佛教教育推廣好，在聖山中具體地呈現各大祖師、聖者所傳佈下來的佛法。師父特別口傳「發願偈」與〈大悲咒〉，鼓勵四眾弟子實修實證。

斯里蘭卡國會議員索比塔長老特別來台參加師父的出關聖典，並向師父獻禮，祈願師父長久住世、弘法無遠弗屆。

隔日，莫札法王親自來山，為師父進行出關後的剃淨儀式，這是法王首度來台弘法。莫札法王是寧瑪噶陀傳承持有者，曾於2001年於禪定淨觀中認證師父為虹光身成就者「確吉多傑」轉世，並委毘盧仁波切於隔年來台為師父舉行陞座大典。

淨剃儀式後，法王偶然發現大殿前方巨石隱然浮現藏文的種子字「吽」字，便親手臨摹筆繪，為心道師父出關弘法更添殊勝。

2007 03.23～25

台南分院開光大典暨華嚴寶懺法會

靈鷲山於2003年覓得台南分院現址。期間，內部整修歷經數次的修改與溝通，於2006年建置完成，並待師父出關後啟建開光大典。

　　台南分院是靈鷲山教團第一個成立的分院，為教團在台灣南部的信仰中心。分院位於台南東區，緊鄰成功大學、文化中心等文教機構，座落在台南市後火車站附近。靈鷲山教團在台南地區的發展，始於台南市東門市場信眾的護持，逐漸發展，才有今日的規模。分院離東門市場僅數分鐘路程，不但能便利地服務信眾，並可使台南市民有一沈澱心靈、安心立命的共修場所。

靈鷲山「法成就寺」開光大典

靈鷲山緬甸國際禪修中心啟建開光大典，心道師父命名為「法成就寺」。法成就寺屬於「聖山計畫」的一部份，也是靈鷲山全球四大禪修中心之一（其餘三個分別設立在尼泊爾、美國科羅拉多州及加拿大溫哥華）。因為師父與緬甸的特殊因緣，靈鷲山教團已經在緬甸陸續推動「佛國種子獎助學金」、「聖蹟佛塔修護」、「弄曼修行農場」、「大雨托兒所」及「僧伽高等教育留學計畫」等工作，而法成就寺也將成為推動這些計畫的據點。

開光聖典暨啟用法會由心道師父蒞臨主法，並恭請緬甸國師巴丹達‧固馬勒尊者（Sayadaw Bhadanta Kumara）率緬甸全國僧伽委員會高僧主持，緬甸中常委主席、社會福利部長夫人及重要官員多人等護法善信均共同觀禮。師父十三歲到台灣，三十三年後再回到緬甸依止烏郭達剌大師，受傳羅漢戒；而後值遇烏南德巴拉法師，法師將仰光大金塔旁珍貴的聖地贈與師父，期許師父能弘揚緬甸傳統的佛教精神。

緬甸法成就寺除了是靈鷲山緬甸各項慈善計畫的聯繫中樞之外，亦可視為靈鷲山三乘佛學院的緬甸分院，其保存了南傳佛教的特色、貼近佛陀時代的佛教精神，並提供一個純樸、自然、簡約的安住環境，讓來此閉關的行者好好體驗、修行。

緬甸禪修中心之三世佛

2007 07.01

開山聖殿修繕擴建工程啟動

自1984年觀音成道日起，靈鷲山大殿開光至今已二十四年，一直是靈鷲山弟子的信仰中心。經過長年累月的風雨吹襲及酥油燈熱氣的影響，原為石牆木頂泥瓦的開山大殿，需要進行全面的修繕。

為修繕大殿，於開山二十四周年慶當天，無生道場舉行大悲觀音遷移起駕聖典，將殿內供奉之千手千眼觀音、大香爐及四大天王移座華藏海安奉，改華藏海為無生道場之大雄寶殿，而修繕後的大殿將成為「開山聖殿」。殿內將供奉泰國臥佛以及原聖山寺玉佛，原開山左臥佛，迎請至大禪堂預定地的臥佛殿內供奉。

靈鷲山建築向來不以雄偉高廣為訴求，而是依循自然以及信仰的主軸來搭建，因此修繕後的開山聖殿仍將與大自然和諧互鳴、相融無礙。

⼆ 2007 09.18～26

心道師父出席2007年全球文化論壇

應2007蒙特雷全球文化論壇（Universal Forum of Cultures, Monterrey）之邀，心道師父9月中赴美國、墨西哥展開為期九天的國際和平交流之旅。

心道師父首先於美國德州進行兩場演說，分別是達拉斯南方衛理公會大學（Southern Methodist University, SMU）以及感恩廣場（Thanksgiving Square）。結束美國行之後，心道師父旋即前往墨西哥弘法。

9月21日為世界和平日，心道師父以世界宗教博物館創辦人及佛教代表身份應邀參加「2007全球文化論壇」開幕典禮，於會中發表三場演說並參與一場座談記者會，受到現場人士熱情參與，場場爆滿。

「全球文化論壇」以和平、永續發展、人權和尊重文化多樣性為目標，期望從各種不同的文化、語言、宗教等跨文化的對話，來結合城市居民並促進全球民間社會力量的聯盟。第二屆「2007年全球文化論壇」將持續到2007年年底，長達三個月，讓參與者在公共空間中沒有時間限制的彼此交流，是公共集會與言論自由的最佳體現。心道師父在會議中談及了自身的斷食經驗、佛教中的輪迴以及開悟等議題，並與眾人分享籌建世界宗教博物館的初心與願力。

2007　10.16～19

心道師父北大演說

繼2005年師父在中國北京大學發表「從本地風光到華嚴世界」的演說，提出「佛法不是想法而是做法」，引起北京各界熱烈迴響。事隔兩年，師父再度受北京大學邀請，在北京光華管理學院以「生命之道——『心』知道」為主題，分別演說「寂靜管理——『管理』從心開始」及「喜歡生命——從喜歡生命到創造美好生命」二場專題演說。師父在演講時，鼓勵青年朋友學習佛法的入手點在於「心」，強調實修是由凡轉聖的過程，也是華嚴聖山的精神。

18日適逢師父六十大壽，北京學術界、文化界友人一起為師父設宴祝壽，兩岸三地許多重要藝文界人士皆出席壽宴，是一場難得的盛會。

19日，師父率領徒眾一行參訪北京廣濟寺，並拜會中國佛教協會會長一誠長老。一誠長老熱烈歡迎表示：「今天是九九重陽節，既是中國的傳統節日，又喜逢台灣靈鷲山開山宗長心道法師周甲壽辰，因緣殊勝，祝願心道法師福壽安康。」並代表致贈一幅「佛」字書畫。

繼北京行程後，師父續往深圳弘法寺為本煥老和尚一百零二歲壽誕暖壽。精神奕奕的本煥老和尚中氣十足，見到師父等一行來暖壽甚為歡喜親切，直勉勵師父及眾弟子「發大心」、走菩薩道。

本煥長老付囑正法眼藏

心道師父於中國深圳弘法寺本煥長老受法為臨濟宗南華堂第四十五世、丹霞山別傳堂上第二代傳人，號常妙心道，傳法偈云：「常持諸佛無上戒，妙用無盡悟真知，心光照耀弘聖教，道德高尚普度生。」

心道師父所承為曹溪南華寺臨濟法脈。臨濟宗為禪宗五宗之一，六祖慧能下傳至第六代義玄，義玄得黃檗希運禪師印可後，建立臨濟院，廣接徒眾。臨濟第四十三世傳人為虛雲老和尚，老和尚一生致力於紹繼聖種，傳法曹洞、兼嗣臨濟、重興雲門、扶持法眼、延續溈仰，其禪觀、苦修、行誼、操守，深受世人推崇，為中國近代禪宗的代表人物。

1948年，虛雲老和尚付囑臨濟法脈於本煥長老，為臨濟南華堂第四十四世傳人。本煥長老曾任廣州光孝寺和黃梅四祖正覺禪寺方丈，現除弘法寺外，還兼任廣東仁化丹霞山別傳寺等五座寺廟的方丈。長老一生奉獻佛教，精勤修持，於今一百餘高齡仍以坐禪代臥，夙夜匪懈，為一代高僧。

本煥長老於傳法儀式中勉勵心道師父：「要有虛雲老和尚才有我，要有我今天才有你，這要一代一代的繼續傳下去。這個緣是過去多生多劫有的緣，過去有這個好的因，今生才有這個好的果。」鼓勵師父紹隆佛種，讓正法久住。

2007　12.25～27

靈鷲山金佛園區灑淨聖典

泰國僧王寺副住持梵摩尼僧長（Phra Prommunee）與心道師父共同主持「開啟和平盛世——靈鷲山金佛園區和平聖典」。

　　27日上午，梵摩尼僧長與心道師父共同主持「開啟和平盛世——靈鷲山金佛園區祈福聖典」。梵摩尼僧長此行帶來僧王的祝福，並致贈一尊七十公分高袖珍版的成功佛給靈鷲山，表達泰僧王對成功、平安、圓滿三尊金佛即將在台灣聚首的祝福與重視。

副僧王與師父巡山並以聖水為全山灑淨。

　　在泰國僧王的首肯及祝福下，全世界目前僅靈鷲山金佛園區將三尊金佛會聚一堂。成功佛、圓滿佛、平安佛這三尊金佛分尊，都由泰國國家藝術廳監造，並在僧王寺舉辦鎔鑄大典，期間還有來自全泰國、地位極尊崇的高僧一同誦經祈福，足見三尊金佛的殊勝莊嚴。

　　27日的祈福灑淨聖典中，梵摩尼僧長與心道師父共同揭開象徵盛世的和平柱，並灑下來自泰國、具有兩百年歷史的聖水，象徵佛法淵遠流長與法脈傳承；隨後又灑下象徵豐收五穀的七珍八寶與恆河聖沙，以祈願地方繁榮富足。師父致詞時首先感謝僧王慈悲促成聖事，並希望藉由祈福聖典回向十方，使大眾福慧資糧圓滿，福隆地方繁榮，台灣社會和諧，世界和平一家。

☯ 2008　03～04

第六屆「萬人禪修」──全民寧靜運動

在3月大選激情沖刷後，社會各界湧出對寧靜的渴望；因此，靈鷲山教團結合萬人禪修以及地球暖化的環保議題，發起「全民寧靜運動」，呼籲全民從「心」出發，友善地球，推動「減音、減食、減碳」，透過聆聽、體驗寧靜的方式，放下情緒與執著，重新找回自己與外在的和諧。

3月28日，靈鷲山在華山文化園區舉行「全民寧靜運動記者會」，邀請世界宗教博物館漢寶德館長、聯合大學校長曾志朗博士、亞都麗緻集團嚴長壽總裁、遠流出版社創辦人及華山創意文化園區負責人王榮文先生、DotAsia社群關係喬敬副總裁、年輕客家金曲獎歌手謝宇威先生等全民寧靜運動委員會共同發起人出席。

漢寶德館長於記者會中表示：「我想，未來的世紀是品格的世紀，是美感的世紀，我們的人生追求生命中的美，我們要求人格提升，這些真正都是需要從寧靜，從回復心靈的平靜開始。

另外，配合實體行動的串連，「寧靜心空，為世界祈福」網路宣言活動，也在4月3日登場，透過網路留言方式，每個人都能以世界公民的身分，宣誓「守護心靈」、「喜歡生命」、「扶助弱勢」、「友善地球」或「為世

界祝福」等心願，讓這份善意與祝福在虛擬的星空中發亮，成為浩瀚的心靈星光。

　　為響應全民寧靜運動，靈鷲山教團亦於4月26日舉辦第六屆萬人禪修，心道師父以「093平安禪」帶領大眾沈澱心靈，尋回生活的真實意義。今年的萬人禪修，以身心靈環保為活動主軸，特別選在「世界地球日」所在的4月份舉行，並首度於台北市大安森林公園舉辦，希望為充滿紛擾與壓力的台北都會注入一股安定寧靜的和平力量。

　　當天活動由印度靈修大師古儒吉（Guruji）為全世界祈福的唱誦開啟序幕，隨後，各宗教及表演團體以澄淨人心的演出，祈願世人友善地球，以及宗教和諧、世界和平的來臨。活動高潮為心道師父以九分禪帶領大眾聆聽寂靜之聲，現場數千位民眾結跏趺坐，一同跟隨著師父的寂靜修法門，體驗心性的寧靜。

　　活動最後，靈鷲山以來自台灣五大山的泥土和五大川的河水，種植「行願樹」，將一株代表『愛與和平地球家』的南洋杉，永久種植在大安森林公園，祈願和平理念能在世人心中茁壯成長。

☯ 2008　05

緬甸賑災

強烈熱帶氣旋「納吉斯（Nargis）」肆虐緬甸伊洛瓦底江三角洲地區，沿海大部村落遭大水吞沒，造成數十萬人無家可歸，估計十餘萬人死於此次風災，並可能造成當地疫癘流行。

出生緬甸，長期關注當地教育及社區服務的心道師父，聽到災害消息的第一時間，立即指示靈鷲山教團啟動救災機制，率先捐出二十萬美金；靈鷲山教團隨即成立「靈鷲山緬甸賑災捐款專戶」，呼籲社會各界捐款救災，富邦集團董事長蔡明忠先生及其夫人陳藹玲女士立即慷慨解囊捐出新台幣一百萬元。

5月8日，一早心道師父即與中華國際搜救總隊等一行，在華信航空公司協助下搭機運送第一批救難物資抵達緬甸展開救援工作，是台灣首支進入緬甸賑災的隊伍，也是少數獲緬甸政府同意進入災區救援的國際救援組織之一。

當天，心道師父一抵緬甸隨即召開救災會議，聽取靈鷲山派駐當地的法師及救災人員簡報災區資訊，指示「愛與和平地球家」組織與靈鷲山緬甸國際禪修中心成立「台灣緬甸颶風賑災中心」，展開救援工作。下午，並在靈鷲山緬甸國際禪修中心與當地僧侶共同啟建「安靈息災法會」超薦風災罹難者。晚間師父回台時，過境泰國，指示靈鷲山泰國講堂成立「緬甸賑災專戶」，募集飲食、水等，就近投入災區救援。

隔天，心道師父返台於桃園機場接受媒體專訪時表示：「這次緬甸颶風引起的災難，在全球化的今天，他們的問題就是我們的問題、他們的災難也就是我們的災難，全球都是一家人。」呼籲全球善心人士共同投入救災。

同時，靈鷲山賑災隊伍開始有計畫地深入伊洛瓦底江地區，運送食物、乾淨飲水等日常民生物資到災民手中，以及遺體安葬、社區醫療與孤兒安置等緊急救援工作。

5月19日，靈鷲山教團召開記者會，向社會各界說明緬甸災區的實際情況，十天來靈鷲山教團在緬甸當地救援的實際經過、困難與未來工作計畫。

　　5月23日，靈鷲山與聯合國NGO組織「台灣國際醫衛行動團隊」、中華搜救總隊帶著醫療用品以及民生物資再度前往緬甸賑災。

　　「台灣緬甸颶風賑災中心」在緬甸災區救援，靈鷲山教團也動員募集救災資源。首先於全球各地講堂設置「斷食之愛──緬甸賑災捐款箱」，呼籲、推動全民減食一餐，即可幫助災民；也即時提供靈鷲山在緬甸最新賑災進度讓關心災情的民眾知道。

　　5月24日，靈鷲山護法會與弘法青年團首先於台北市展開「一片麵包的希望」街頭募款活動，之後，並於全國各地舉展開募款。也分別在香港、馬來西亞等地舉辦「緬甸賑災國際記者會」，引起當地信眾的熱情回應與捐輸。7月，華梵文教基金會認同靈鷲山緬甸賑災救援的努力，慨捐新台幣一百餘萬予靈鷲山緬甸重建計畫。

　　在經過災害初期的緊急救援後，靈鷲山教團隨即向緬甸政府提出第二階段賑濟計畫並獲同意。心道師父亦於6月下旬再赴緬甸，在社會福利部部長Maung Maung Suie陪同下，勘察重災地區，並與該國內閣官員商討重建事宜。未來靈鷲山緬甸災區重建計畫，以災後社區重建及心靈重建為主要目標，包括：社區清潔飲水系統的建立、信仰中心寺廟的重建，以及長期基礎衛生教育的養成；另外，災後孤兒的安置與教養，也是重建工作的重點。

　　自風災以來，靈鷲山教團不斷協助災民展開重建，普獲台灣、世界各地的支持與捐輸；然重建工作艱鉅繁重，經費龐大，亟需國際社會發揮地球一家的大愛精神共同投入災區重建。

協助於伊洛瓦底江邊火化罹難者屍體。

法脈傳承

護法弘化

生命教育

宗教交流

四川賑災

5月12日，中國四川發生芮氏規模7.8級強震，造成嚴重災情。隔日清晨，心道師父率領全山法師共修《佛說阿彌陀經》回向罹難者，並為待救援者點燈祈福，同時號召全球弟子每日持《佛說阿彌陀經》一部、彌陀聖號七日。靈鷲山全球講堂亦同步啟建七日之《佛說阿彌陀經》共修法會，包括香港、紐約、曼谷等地皆發起念佛響應，以聲聲佛號守護罹難者及待救援者。

川震次日，心道師父立即前赴中國大陸了解震災災情，並拜會中國佛教協會會長一誠法師及相關單位，研擬賑災方案，及安靈息災法會啟建事宜；師父特別提醒：物資賑災之外，切勿忽略「心靈賑災」的重要性。隨後，靈鷲山法師運送救援物資抵達災區關懷災民，並深入偏遠災區，為就地掩埋的千人墳塚啟建超薦法事。

5月29日，川震三七日前夕，中國佛教協會於成都寶光寺啟建「祈福超薦賑災大法會」，主法法師包括一誠法師等兩岸四地百位高僧，共同為四川大震息災安靈，祈以三寶之悲憫加被，化解劫難災殃，以讓猝死亡靈獲得安息、生還者心境安寧。心道師父應邀祝禱祈福，捐贈物資善款，並呼籲十方大眾，持續協助災區重建，尤其學校教育之建設。

6月22日，川震圓滿七，靈鷲山教團於成都昭覺寺啟建七永日的「梁皇寶懺川震超薦大法會」，禮請昭覺寺方丈演法大和尚暨全寺僧眾共同修法，召請諸佛菩薩加披罹難者與倖存者，同霑法喜，撫慰當地居民心靈。靈鷲山呼籲社會大眾，持續支援四川大震重建計劃，尤其心靈重建的工程更是當務之急，在捐輸物質不斷的背後，更應關懷災後心靈的建設以及社會整體生命教育的提升。

⟳ 2008　05.17～22

心道師父出席蒙古國際佛教會議

應蒙古貝圖佛教中心（Pethub Buddhist Center）之邀，心道師父率徒眾一行前往蒙古烏蘭巴托（Ulan Bator），參加「當代佛教在蒙古未來的發展與挑戰」國際會議，大會主席索南旺秋先生（Sonam Wangchuk）親往機場接機。這場會議是為慶祝蒙古衛塞節（Vesak，佛陀誕辰），並且紀念庫碩科‧巴古拉仁波切（Kushok Bakula Rinpoche, 1917-2003）九十一歲冥誕而舉辦。

5月19日會議開幕，計有來自十三個國家地區、一百多位代表與會，並有一千五百位貴賓觀禮。心道師父在開幕致詞中期許蒙古能以佛教文化提升人民生活，創造良善循環以及美好的未來。

當天下午在成吉思汗國際飯店舉行研討會，心道師父以「蒙古佛教與現代意義」為題發表專題演講。當晚國宴中，蒙古恩赫巴亞爾（Nambaryn Enkhbayar）總統特別單獨與心道師父晤談，表示師父的講演令他「印象非常深刻」。

5月20日上午，在甘丹寺舉辦衛塞節慶典儀式，恩赫巴亞爾總統全程出席，心道師父亦席列上賓；下午參訪貝圖寺（Pethub Monastery），也就是巴古仁波切的駐錫寺院。隔天一早，師父更受邀參加成吉思汗誕辰慶典，慶典在紀念蒙古英雄的蘇赫巴特廣場（Sukhbaatar Square）舉行，這場相當於蒙古國慶的大典，包括閱兵儀式，穿著傳統服飾的貴賓代表，以及國家級宗教師

均一一登上大殿致敬。當天下午，師父應邀前往蒙古國立大學發表「教育與道德在社會發展中的角色」演說。師父再次強調復興佛教文化的重要性：「我認為蒙古固有的文化是佛教文化。尊貴的巴古拉仁波切也是看到這一點，所以積極復興蒙古的佛教。佛法的教育是讓人格完善的生命教育，可以與現代文明結合。如果我們能復興蒙古佛教文化，蒙古便得以在自我文化的基礎底下，創造一個良善的迴圈與美好的生活世界。」

致贈普賢菩薩聖像予蒙古總統恩赫巴亞爾。

第九場回佛對談在台灣舉辦

世界宗教博物館發展基金會、「愛與和平地球家」與政治大學國際事務學院、聯合國教科文組織（UNESCO）、以利亞宗教交流協會（Elijah Interfaith Institute）共同舉辦「2008全球化與靈性傳統暨第八屆『回佛對話』國際會議」，假政治大學綜合院館與世界宗教博物館舉行。

會議先於政治大學綜合院館國際會議廳舉辦，會中討論「全球化與靈性傳統：新的挑戰與契機」、「宗教多元化的認同與歸屬問題」、「全球化時代中各宗教的靈性實踐及社會參與」、「多元信仰環境中的宗教教育」等四大議題。第三日會議移師至世界宗教博物館舉行，與會專家學者就「善意與敵意：宗教對待他者的態度」以及「『回佛對話』未來的重點議題」等議題進行對話。

這次對談邀請中國回教協會副秘書長馬孝祺教長、舊金山天主教牧靈中心吉姆 斐德里克神父（Fr. Jim Fredericks）、哈佛燕京學社社長杜維明教授、德國慕尼黑大學宗教研究教授麥可‧馮‧布魯克（Michael von Brück）、英國牛津大學社會人類學博士喬納森‧韋伯（Jonathan Webber）、英國格拉斯哥大學跨宗教研究中心主任派瑞‧史密特-盧科（Perry Schmidt-Leukel）、伊斯蘭研究中心主任及聯合神學研究院助理教授慕尼爾‧季瓦（Munir Jiwa）、美國聖地牙哥大學神學與宗教系副教授釋慧空法師（Karma

Lekshe Tsomo）、美國南衛理公會大學世界宗教教授盧本・哈比托（Ruben L. F. Habito）、美國芝加哥羅耀拉大學伊斯蘭研究計畫主任瑪西亞・赫爾曼森（Marcia Hermansen）、芝加哥大學漢學博士白詩朗（Dr. John H. Berthrong）、台灣大學社會科學院副院長林端教授、政治大學東亞研究所教授兼國際事務學院院長李英明、宗教研究所所長蔡彥仁、伊斯蘭文明與思想研究中心教授林長寬、輔仁大學宗教系系主任黃懷秋教授、陸達誠教授、佛光大學宗教系系主任劉國威博士、游祥洲副教授、世界宗教博物館館長釋了意法師、國際計畫主持人瑪麗亞・哈比托（Dr. Maria Reis Habit）等宗教代表、學者。

心道師父在開幕致詞時表示，期盼藉由此次會議增進地球健康與人類和諧，以「靈性價值」帶動生命關懷的實踐，並引領全球化的進程，落實善行與慈悲的全球化。

三日的會議，讓與會人士更體驗到隨著全球化時代的來臨，不同文化之間的衝突、融合問題越益尖銳與急迫。而藉著宗教的角度切入全球化議題，嘗試透過彼此之良性對話，不但讓各大宗教的文化彼此發亮，也讓世界更加和平。

2008　06.29

靈鷲山開山廿五周年慶

當年心道師父因緣際會，來到福隆這片昔稱荖蘭山的山洞中閉關修行，之後師父由頭陀行轉入菩薩道，便決定在這片靈秀福地開設道場，展開入世廣大行腳。1984年7月17日無生道場正式開光，至今已邁入第廿五年。

靈鷲山開山廿五周年慶前一天，便開始有信眾陸續回山，而周年慶當天一早，無生道場的山門口就以清淨莊嚴的法儀隊伍，迎接由泰國國家藝術院監鑄的僧王寺臥佛純金頂髻，以讚誦佛號的步行方式朝禮上山。隊伍出發點，是靈鷲山今年即將樹立之開山精神地標「阿育王柱」的預定地。

正午，心道師父親自口傳〈大悲咒〉，呼應「大悲傳承」之開山精神。

臥佛純金頂髻。

下午靈鷲山並啟建第五場水陸先修度亡法會。

廿五周年慶當天，海內外十方嘉賓紛紛以墨寶和賀電誌慶，其中，二位百齡人瑞的國寶級大長老——深圳弘法寺本煥長老及台灣妙法寺方丈戒德長老，均以「正法久住」墨寶賀勉靈鷲山，圓通學舍大詮長老則以「一念不生照明諸法人空法空是無生　萬德圓滿境寂心空才知此地即靈山」對聯，表達對靈鷲山的祝賀。

從正法傳承辦道、提升心靈的利生關懷，一直到對於生態倫理自然環境的尊重，靈鷲山始終以穩定的步伐向前，不但建立了一個培福增慧的清修淨土，也為台灣保留了原生的環保勝地，更為地球永續的理想，提出「愛與和平地球家」與「宗教文化教育園區」的軟硬體計畫。「宗教文化教育園區」計畫以宗教神聖的傳統為基礎，提供一處跨宗教、跨種族、跨文化都可以分享共創的靈性社區網絡。

如今，靈鷲山已廿五歲了，師父和大眾相約傳承佛法、利益眾生的永續工作，期使共同開展出大悲周遍的華嚴世界。

🌀 2008　07.16～18

心道師父受邀參加「各大宗教對話國際論壇」

奔走國際致力宗教對話與和諧、並舉辦多次「回佛對談」的心道師父應世界伊斯蘭聯盟邀請赴西班牙馬德里王宮參加「各大宗教對話國際論壇（The World Conference on Dialogue）」會議。

今年6月沙烏地阿拉伯國王阿布杜拉（King Abdullah bin Abdul Aziz Al Saud）發起「世界對話會議（The International Islamic Conference of Dialogue）」引起國際間廣大迴響，在各界熱烈反應及國王支持下，7月16日至18日再次於西班牙馬德里王宮舉行。

這是宗教界近年來最大規模的宗教盛會，由世界伊斯蘭聯盟圖爾基博士（Dr. Adullah Ibn Abdul Mohsin Al-Turki）具名邀約，會議中進一步討論6月「世界對話會議」研擬的「麥加宣言（The Mecca Appeal for Interfaith Dialogue）」。

心道師父因創建世界宗教博物館的因緣，與世界伊斯蘭聯盟結緣，並在2001年獲贈「天房罩幕」等珍貴伊斯蘭文物。師父多年來在國際宗教會議場合，致力宗教對話與和諧；並自2002年起，舉辦多次「回佛對談」，推動宗教對話與和平，在國際宗教界獲得重視與支持。此次「各大宗教對話國際論壇」，世界伊斯蘭聯盟透過我國外交部轉知心道師父，邀請與會。

16日開幕大會上出席的重要代表包括沙烏地阿拉伯國王阿布杜拉和西班牙國王卡洛斯（Juan Carlos I）、美國前副總統高爾（Al Gore）、英國前首相布萊爾（Tony Blair）、聯合國教科文組織總幹事松浦晃一郎（Mr. Koichiro Matsuura），以及英國坎特伯里大主教威廉斯博士（The Most Revd Rowan

Williams）、曾獲得諾貝爾和平獎的南非屠圖大主教(Archbishop Desmond Mpilo Tutu)、梵諦岡陶蘭紅衣主教（Jean-Louis Cardinal Tauran）、全球倫理基金會（Foundation for a Global Ethic）主席孔漢思（Hans Küng）教授等世界著名宗教領袖、學者和日本、中國等國際佛教人士，以及代表台灣佛教界的心道師父等貴賓。

　　這場規模盛大的宗教對話，其重要性不僅因其跨宗教、跨國際的能見度，更是因為來自主辦者世界伊斯蘭教聯盟國家及受邀貴賓的國際代表性，討論關注的問題也特別是當今國際間備受矚目的議題。三天的會議討論：「對話及其宗教和文明的基礎」、「對話在人類社會的重要性」、「對話領域的人類共性」、「對話的推動和評估」等四大議題，並就「穆斯林──基督教──猶太教的對話：未來和前景」、「對話東方宗教：未來和前景」、「國際組織在加強對話和克服障礙等方面所作的努力」、「媒體：在傳播文化對話和共存的壓力」等問題進行深刻廣泛的討論。

　　與會貴賓紛紛表達「對話」的重要性，也共識到：宗教是文明的精華，文明之間應該相互對話，社會、種族、文化的多元、多樣性，對地球文明是必要的；世人要試著透過對話認識自己，也理解別人；尋求群體的覺悟，為全人類共同的未來而努力。心道師父也在7月18日「對話的推動和評估」會議中肯定此次大會的歷史性意義。

　　心道師父在會中指出，對話所產生的一個成果是「不同信仰的共同聲音」。透過對話、傾聽與理解，打破藩籬成為朋友；真誠帶來的友誼，將消融很多成見包袱，從信任中形成互助分享的夥伴關係。師父並進一步指出，對話不能只停留在語言層面，還需要具體行動，

　　師父建議，在全球化的趨勢下，針對各地的環境保護、文化衝突等問題，應該成立「環境保護委員會」與「和平教育委員會」，透過對話交流、教育推動，才能真正營造一個共存共榮、愛與和平的友善地球。

2008　08.06～13

靈鷲山啟建二○○八水陸空大法會

靈鷲山教團於桃園巨蛋啟建第十五屆「素食愛地球‧環保齋戒月‧世紀大超薦水陸空大法會」。

靈鷲山為響應地球家環保理念，並減緩日趨嚴重的全球暖化現象，特以「素食愛地球‧環保齋戒月‧世紀大超薦」作為今年水陸法會主題。在法會中，除了傳統文書紙紮的修正；環保碗筷、輕食及各項生活點滴的實踐，都落實了靈鷲山對於愛護環境、倡導環保的理念。

今年水陸法會之內壇以「一切如來心秘密全身舍利寶篋印陀羅尼塔」作為設計主題，藍紫色的天幕，代表華嚴世界和諧祥和的宇宙觀，壇城上供「娑婆三聖」，後方為六米高的「五輪塔」，代表宇宙萬物生成的地、水、火、風、空五大元素，「輪」是輪圓具足的意思，五輪表示如來的功德圓滿無缺。後方懸掛「寶篋印陀羅尼」咒幔，此陀羅尼為十方三世諸佛法身總集，佛云誦此神咒二十一遍，百病萬惱，一時消滅，壽命延長，福德無盡。

今年正值靈鷲山開山廿五周年暨水陸法會十五周年，8月7日特於世界宗教博物館舉辦「懺悔的宗教意義」兩岸學術研討會，邀集兩岸三地著名宗教人士與學者，共同探討「懺悔」在各大宗教中的儀式與靈性意涵，期望藉由此次學術交流，向各界分享靈鷲山十五年來啟建水陸法會的珍貴傳承與豐富經驗。而於8月9日內壇結界儀式中，研討會與會者也應邀成為觀禮參訪的貴賓，包括中國中央民族大學藏學教授王堯、北京大學哲學系教授姚衛群、南京大學哲學系講師聖凱法師、中國社會科學院世界宗教研究所編審暨《世界宗教文化》主編黃夏年等，皆以肅敬的心情來朝禮這場兩岸三地極具盛名的「水陸道場」。

GFLP於聯合國舉辦第十場回佛對談

心道師父赴美展開「愛與和平」弘法之行，並出席「愛與和平地球家（GFLP）」與菲律賓駐聯合國使節團（The Philippine Mission to U.N.）共同於紐約聯合國總部合作舉辦「邁向地球家：第十屆回佛對談」國際會議。

從2002年，911事件發生第二年，心道師父在紐約所召開第一屆回佛對談，之後陸續在各國舉辦，至今年重回美國，首度在聯合國舉辦第十屆的回佛對談，顯得格外深具意義。

第十屆回佛對談9月3、4兩日在聯合國紐約總部舉辦，會議在千禧年世界和平宗教高峰會議秘書長巴瓦·金（Bawa Jain）、菲律賓駐聯合國使節團常駐大使賀賴瑞（Hilario Davide）、聯合國大學紐約總部辦事處主任金馬克（Jean-Marc Coicaud）與心道師父等人開幕致詞後展開。心道師父於開幕致詞中表示：如何讓地球家更平安、更和平是每一個人的責任，宗教界應該從溝通與理解中，打破隔閡、化解誤會，建立跨宗教對話的機制，並扮演積極引導和平的角色，尋求化解衝突、對立之道。

本次會議為期兩天，分別舉行三場論壇及一場宗教聯合記者會；會議主題分別為「和平與人權」、「貧窮與社會不平等」和「生態療癒與地球權利」，邀請美國俄勒岡州弘誓禪寺共同創辦人Jan Chozen Bays夫婦、麻州巴瑞市「內觀禪修社」共同創辦人Sharon Salzberg、哥倫比亞大學印藏佛教研究教授及紐約「西藏屋」共同創辦人暨主持人 Robert Thurman、柏克萊禪修中

前排左起：瑪麗亞·哈比托、師父、巴瓦·金、賀賴瑞大使。

心副住持Hozan Alan Senauke、美國穆斯林共進社（American Society for Muslim Advancement）執行長Daisy Khan、加拿大安大略理工大學犯罪學、正義及政策研究院長 Nawal Ammar、英國格拉斯哥大學伊斯蘭研究中心主任Mona Siddiqui、聯合國中東和平美國聯合會主席Salwa Kader、美國伊斯蘭最高理事會（The Islamic Supreme Council of America）創辦人暨主席Shayk Muhammed Hisham Kabbani、戶田全球和平與政策研究中心主任Majid Tehranian、泰國曼谷易三倉大學（Assumption University）哲學宗教研究所 Imtiyaz Yussuf、美國南衛理公會大學柏金斯神學院全球神學教育指導人Robert Hunt、世界宗教博物館國際事務部主任瑪麗亞‧哈比托等十餘位宗教領袖、學者與會。

　　心道師父在千禧年飯店（Millennium Hotel）舉辦的宗教聯合記者會，接受媒體採訪時表示：「現在世界很多問題都要透過對話，對話要有友誼為基礎，從『聆聽與理解』開始，才能消除隔閡性、對立性，建立共識，發展合作，像四川地震、緬甸風災、南亞海嘯，都是需要國際合作才有辦法的，我們身在一個『地球家庭』中，只有共存共榮、互濟共生，地球才能永續，世界和平才有可能。」

泰僧王致贈富貴金佛

正當全球經濟陷於金融風暴恐慌、景氣蕭條，以及台灣民眾亦深受物價上漲、股市下滑的痛苦不安中，靈鷲山教團本於大悲真愛的菩薩本願，特將泰國僧王智護尊者為祝賀心道師父六十壽誕贈送之富貴金佛，迎請至代表台灣金融、經濟中心的台北101大樓為台灣祈福，並供民眾瞻禮祝禱，希望能為台灣帶來富貴福報，使人民生活豐足、心靈富饒。

意含「富而不驕、貴而不舒」的富貴金佛是泰國王室為慶祝僧王智護尊者登基十九周年暨九十五聖壽所鑄造，金佛僅鑄造兩尊，其中一尊迎至泰北昌盛縣百萬黃金廟供奉常住；另一尊僧王為祝賀心道師父六十壽誕，贈送靈鷲山供奉，作為兩位修證成就者間深厚法緣之見證。心道師父表示，僧王致贈「富貴金佛」予靈鷲山，不僅代表宗教和諧交流、世界和平的美意，同時也是靈鷲山開山廿五周年、邁向和平聖山的另一個里程碑。

為了歡迎富貴金佛來台，靈鷲山教團於10月4日晚間在台北101大樓舉辦「明燭點燈祈福儀式」邀請總統馬英九先生、101董事長陳敏薰小姐、以及護送金佛來台的泰國第一副僧王梵摩尼僧長跟九位泰國高僧等人，與心道師父共同點燈祈福，祝願全民富貴上升、「佛光」普照全台。心道師父特別解釋「富貴金佛」意涵：「富貴是指一切事物

的美好呈現，是一切善念的緣起，也是一切智慧的組合，不是單指財富而已。」

10月5、6兩日，靈鷲山於101大樓4樓都會廳舉辦「光輝十月·富貴台灣靈鷲山富貴金佛祈福暨稀世文物展」，祈願法相圓滿的富貴金佛，能為祈福民眾帶來平安、富貴，也希望台灣能安然度過這次的經濟風暴，吸引眾多信眾前來朝禮膜拜。5日下午的祈福儀式上，第一副僧王梵摩尼僧長贈送泰國僧王寺徽章予心道師父，並正式宣布泰國僧王寺與靈鷲山無生道場互結為友誼寺，心道師父亦回贈琉璃佛像，表徵兩寺法緣長遠深厚，南、北傳佛教緊密交流，同為宗教和諧與和平努力。

10月7日，靈鷲山展開富貴金佛祈福繞境活動，沿途行經總統府、台北市政府、台北市議會、貢寮澳底、東北角風景處、等處為地方與民眾祈福；之後迎請金佛至無生道場安座，並為心道師父六十大壽加持祝福。

1999年，心道師父與泰僧王智護尊者首次會晤，一見如故，相談甚歡，僧王十分稱許師父創建世界宗教博物館和追求「愛與和平」的決心與努力，於2000年贈送靈鷲山第一尊長壽佛，至今日的富貴金佛，僧王已贈送靈鷲山七尊金佛；此次，更與靈鷲山無生道場結為友誼寺，除是兩位上師尊者間願力成就的善果展現，也是南北傳佛教間緊密交流、團結的具體顯現。

大事年表篇

1983年
- 5月
  心道師父至福隆莒蘭山普陀巖斷食閉關。
- 9月
  心道師父轉至普陀巖後山一天然山洞（法華洞）繼續斷食閉關。

1984年
- 年初
  靈鷲山無生道場首座殿堂「祖師殿」落成。
- 7月17日
  靈鷲山無生道場開山大殿於觀音成道日舉行開光大典，殿內供奉台灣僅見的釋迦牟尼佛入涅左臥像。

1985年
- 4月
  心道師父結束長達二年的斷食閉關，前往印度、尼泊爾朝聖。（圖①）

1987年
- 6月
  靈鷲山無生道場首度舉辦內眾精進斷食禪三閉關。
- 11月
  靈鷲山無生道場首度對外舉辦斷食禪三。

①

1988年
- 1月14日～2月18日
  心道師父赴尼泊爾、印度展開「佛教遺跡巡禮朝聖」。
- 6月19日
  靈鷲山無生道場開山五周年慶。
- 9月～11月
  靈鷲山無生道場首次舉辦朝聖團，心道師父率徒眾朝禮中國四大名山，此行開啟靈鷲山佛教教團於總本山建設四大名山之構想。
- 年底
  靈鷲山無生道場開始修建「朝山大道」（入山鐵鍊口至天眼門道路）。

1989年
- 6月1日
  靈鷲山無生道場成立「財團法人靈鷲山般若文教基金會」，擘劃五大志業，推動四大名山道場建設。
- 9月29日
  靈鷲山般若文教基金會成立「籌組基金委員會」，為靈鷲山護法會前身。
- 11月15日～21日
  靈鷲山無生道場於宜蘭羅東舉行首場「籌組基金委員會」說明會。

1990年

- 1月~8月
心道師父率徒眾於台北、基隆、桃園各地舉行「籌組基金委員會」說明會及佛法講座。

- 2月
靈鷲山般若文教基金會發行《般若文教月刊》創刊號。

- 5月
心道師父率團展開歐洲考察之行，為宗教博物館之籌建凝聚共識。

- 5月
靈鷲山般若文教基金會成立「文化重建會（Culture Rebuild Association, CRA）」。

- 6月21日
靈鷲山聖山寺緬甸玉佛運抵基隆港。

- 6月27日
靈鷲山無生道場於基隆文化中心舉辦心道師父首次對外大型佛法講座——菩薩活在人間。

- 7月10日~14日
靈鷲山無生道場於聖山寺舉辦大專夏令營，培育七龍珠兒童夏令營小老師。

- 7月15日~28日
靈鷲山無生道場於聖山寺首次舉辦兒童禪修營——七龍珠夏令營。

- 8月5日
靈鷲山聖山寺舉辦玉佛晉山陞座大典暨大悲法會，為靈鷲山無生道場首座分院。

- 8月19日~26日
靈鷲山無生道場舉辦兩梯次「心理實踐」外眾斷食禪三活動。

- 9月
靈鷲山無生道場開始修建連接四大名山道場的「成佛大道」，沿途設置四大菩薩道場及五百羅漢。

- 9月15日
靈鷲山無生道場首度舉辦「朝禮四大名山」活動，此次朝拜靈鷲山地藏菩薩道場，之後分別朝禮普賢、觀音、文殊等菩薩道場。

- 9月29日
靈鷲山般若文教基金會籌組基金委員會於基隆、新莊、士林、羅東、蘇澳等地成立分會。

- 10月5日
靈鷲山般若文教基金會成立「國際佛學研究中心」，敦聘龔鵬程教授為中心主任。

- 10月11日
靈鷲山新莊分會舉行北區幹部座談會，心道師父親臨開示。

- 10月17日~11月13日
靈鷲山般若文教基金會舉辦中國四大名山朝聖之旅。

- 10月26日
心道師父生日，靈鷲山無生道場舉行「拜願祝壽大典」。

- 11月19日

　　靈鷲山國際佛學研究中心舉辦「佛學座談會」雙週系列座談，邀請國內知名學者齊聚討論佛學專題，首巡推出「唯識學」講座。

- 11月26日

　　靈鷲山無生道場啟建首場「圓滿大施食法會」，以圓滿心道師父墳間苦修時，發願修法百次超度幽冥眾生之悲願。

- 12月14日

　　靈鷲山無生道場舉辦「宗教藝術生活化」座談會，會中發表楊英風教授設計之靈鷲山LOGO。（圖①）

- 12月16日

　　靈鷲山般若文教基金會舉辦「羅漢特展」，展出雕塑大師楊英風教授為無生道場雕塑之羅漢聖像等。（圖②）

①

②

➋ 1991年

- 1月
  靈鷲山無生道場於每週日舉辦「金剛禪修」活動。
- 1月1日
  靈鷲山無生道場於聖山寺啟建「元旦圓燈法會」。
- 1月14日
  靈鷲山般若文教基金會舉辦首次「籌組基金委員訓練」。
- 1月19日～20日
  靈鷲山般若文教基金會舉辦「領導人才訓練營」。
- 2月7日
  藏傳佛教噶舉派宗南嘉楚仁波切來山參訪、傳法。（圖①）
- 2月11日～13日
  靈鷲山無生道場舉辦內眾精進禪三閉關，自此，道場確立內眾四季精進閉關之制。
- 3月
  靈鷲山無生道場每週六於聖山寺開設「書道禪」課程。
- 3月
  靈鷲山般若文教基金會與台灣新生報社聯合舉辦「中華民國建國八十年全國少年作文比賽」。
- 3月6日
  靈鷲山般若文教基金會於桃園中山國小舉辦「西區桃園分會成立大會暨心道師父佛學講座——如何學習佛法」。
- 3月28日～4月3日
  靈鷲山無生道場於羅東南豪社區活動中心啟建「萬燈供佛大悲法會」，為靈鷲山首場對外大型法會。
- 4月6日～7日
  靈鷲山般若文教基金會於聖山寺及福隆國小舉辦「分會幹部領導才能研習營」。
- 4月5日～5月24日
  靈鷲山般若文教基金會與基隆和平國際獅子會於基隆文化中心聯合舉辦七場「佛法與現代人生」系列講座。

①

- 4月13日～14日

　靈鷲山般若文教基金會與台中縣佛教會、台中居士林等於台中縣政府中正堂合辦「心道師父『生滅與永恆』佛法講座」。

- 4月21日

　國家實驗合唱團在指揮戴金泉教授帶領下來山參訪。（圖①：右至左為師父、戴金泉先生、王大川伉儷。）

- 5月

　靈鷲山國際佛學研究中心出版與淡江大學中文研究所合辦之「願海系列──佛學講座」錄音帶。

- 5月6日

　靈鷲山護法會士林分會成立，原靈鷲山般若文教基金會籌組基金委員會，至此改為靈鷲山護法會。（圖②）

- 5月18日～24日

　靈鷲山佛教教團於三重中正堂啟建「北區萬燈供佛大悲法會」。（圖③）

- 5月26日

　靈鷲山般若文教基金會與聯合報於桃園東門國小共同舉辦「小作家、小畫家、小書法家大集合」青少年藝文活動。

- 6月

　靈鷲山國際佛學研究中心出版《國際佛學譯粹（第一輯）》。

- 6月1日～2日

　心道師父應佛教正德醫院邀請，於高雄中學體育館舉行「知性的引導」、「禪定與神通」佛法講座。

- 6月9日～15日

　靈鷲山佛教教團於桃園成功國小啟建「西區萬燈供佛大悲法會」。

- 6月12日

　心道師父前往桃園監獄為受刑人開示心靈回歸之道。

①

②

③

• 6月23日

靈鷲山國際佛學研究中心於台灣師範大學國際會議廳舉辦第一屆「兩岸宗教文化交流研討會」。（圖①）

• 6月26日～7月15日

心道師父前往中國大連科學研究所參訪並發表「生命的原理」演說，期間參觀松花江博物館，後朝禮雲南雞足山。

• 7月13日～16日

靈鷲山無生道場於聖山寺舉辦「大自然的洗禮——大專夏令營」。

• 7月16日

靈鷲山般若文教基金會於中國廣播公司開播「公園的鐘聲」心道師父佛法廣播節目。

• 7月20日～23日

靈鷲山無生道場於聖山寺舉辦「大自然的洗禮——兒童夏令營」。

• 7月28日

靈鷲山無生道場於台北縣新莊國中啟建「開山七周年大悲懺法會」。

• 8月8日

靈鷲山護法會中山分會成立。

• 8月24日～27日

靈鷲山無生道場於聖山寺舉辦外眾「斷食禪三閉關」。

• 8月29日～31日

靈鷲山無生道場舉辦內眾精進禪三。

• 9月9日

靈鷲山護法會蘇澳共修會成立。

• 9月13日～10月18日

靈鷲山國際佛學研究中心於板橋、羅東、基隆等地舉辦六場「佛法與現代人生」系列講座。

• 9月21日

靈鷲山護法會於聖山寺舉辦中秋晚會，邀請所有分會委員回山共度佳節。

• 9月22日

靈鷲山護法會台中大肚分會成立。

①

- 9月28日
  靈鷲山護法會東區總會成立。（圖①）
- 10月
  靈鷲山般若文教基金會成立「靈鷲山宗教博物館資訊籌備處」。
- 10月
  靈鷲山無生道場定每週三為「內眾精進閉關封山日」。
- 10月5日～8日
  藏傳佛教噶舉派創古仁波切來山參訪、傳法。
- 10月19日
  靈鷲山護法會三重分會成立。
- 10月24日
  靈鷲山護法會新莊分會成立。
- 10月27日～30日
  藏傳佛教格魯派經續佛法中心來山參訪。
- 11月
  靈鷲山護法會中山分會成立「般若合唱團」。
- 11月5日
  靈鷲山國際佛學研究中心出版《國際佛學研究年刊》。
- 11月9日～10日
  靈鷲山無生道場舉辦兩梯次「禪一活動」，並首度舉辦「八關齋戒」。
- 11月14日
  靈鷲山護法會基隆分會成立。
- 11月29日
  靈鷲山護法會五股分會成立。
- 12月1日
  靈鷲山般若文教基金會於高雄鳳鳴電台開播「關懷您點滴的生活」心道法師空中開示廣播節目。
- 12月8日
  靈鷲山護法會舉辦「領導人才研習營」委員精進活動。
- 12月21日～22日
  靈鷲山國際佛學研究中心於台灣師範大學國際會議廳舉辦「第二屆兩岸宗教文化交流研討會」。

①

1992年

- 1月
  靈鷲山無生道場舉辦十二場「人的經營」系列講座。
- 1月1日
  靈鷲山無生道場於聖山寺啟建「一九九二年元旦圓燈法會」。
- 1月4日～9日
  靈鷲山佛教教團於台中市體育館啟建「萬燈供佛大悲法會」。（圖①）
- 1月25日
  靈鷲山護法會於新莊分會舉辦「新春聯誼」活動，邀請全台各分會委員共聚同樂。（圖②）
- 2月3日
  天主教耶穌教會馬天賜神父等一行來山參訪。
- 2月4日～6日
  靈鷲山無生道場於新春期間啟建「千佛拜懺法會」。
- 2月7日
  泰國猜育法師等一行至靈鷲山聖山寺參訪安單。
- 2月15日～22日
  靈鷲山佛教教團於宜蘭羅東綜合運動場啟建「萬燈供佛大悲法會」。（圖③④）
- 2月16日～26日
  韓國漢城大學宗教問題研究所所長訪問靈鷲山國際佛學研究中心及無生道場。
- 2月22日
  靈鷲山護法會板橋分會成立。
- 2月25日
  藏傳佛教格魯派梭巴仁波切來山參訪。
- 2月～3月
  心道師父率世界宗教博物館籌備處人員訪問日、韓博物館。

①

②

③

④

- 3月
  世界宗教博物館資訊籌備處參與協辦第三屆「當代佛藝創作展」。
- 3月7日～8日
  靈鷲山無生道場舉辦「大悲咒一」禪修活動。
- 4月
  靈鷲山護法會於各區分會推行「每月專題開示」，加強信眾對佛法的認識與體悟。
- 4月11日
  靈鷲山護法會於聖山寺舉辦「護法會幹部會議暨表揚大會」。
- 4月11日～12日
  靈鷲山無生道場於聖山寺舉辦「一日禪」。
- 4月16日～18日
  靈鷲山無生道場舉辦內眾精進禪三。
- 4月16日～19日
  靈鷲山國際佛學研究中心於台灣大學哲學系館舉辦「吳汝鈞教授佛學專題講座」。
- 4月27日～5月2日
  靈鷲山無生道場舉辦內眾四季精進禪七。（圖①）
- 5月3日
  日本長谷川宗教博物館設計師中村善一先生來訪，並受聘為世界宗教博物館顧問。（圖②：師父左側為中村善一先生）
- 5月9日
  靈鷲山護法會於聖山寺舉辦「幹部會議」。
- 5月9日～10日
  靈鷲山無生道場於聖山寺舉辦「一日禪」。
- 5月10日
  靈鷲山無生道場舉辦慶祝「浴佛節暨母親節」活動。
- 5月30日
  靈鷲山無生道場舉辦「國際禪修營」。（圖③）

①

②

③

- 5月31日
  靈鷲山護法會於新莊輔仁大學舉辦「『畫我新莊』兒童寫生比賽」。（圖①）
- 6月
  靈鷲山國際佛學研究中心邀請哲學大師牟宗三教授發表「我治佛學的經驗」講座。
  （圖②）
- 6月
  世界宗教博物館籌備處每週四舉辦「宗教電影展」。
- 7月4日～30日
  世界宗教博物館籌備處與高雄串門學苑、京華藝術中心等單位合作舉辦「宗教文化月」系列活動，活動內容包含宗教文化講座及宗教藝術展覽等。
  （圖③）
- 7月12日
  靈鷲山無生道場啟建「開山九周年大悲法會」。（圖④）
- 7月16日～19日
  靈鷲山無生道場於聖山寺舉辦「大專耕心營」。
- 7月17日
  靈鷲山護法會頭份分會成立。

①

②

③

④

- 7月20日～28日

  靈鷲山無生道場於聖山寺舉辦兩梯次「兒童夏令營」。（圖①）

- 7月29日

  中華日健負責人永田國浩先生來山參訪，與心道師父交換宗教博物館意見。

- 8月

  靈鷲山國際佛學研究中心舉辦「宗教與成人教育」系列講座。

- 8月1日

  心道師父應中國國民黨台灣省黨部及中國佛教會台灣分會邀請，分別於基隆與彰化兩地舉行「佛法有愛」、「生命的覺醒」佛法講座。

- 8月1日

  靈鷲山佛教教團於高雄、三重、羅東等地分別舉辦「青少年一日禪」活動，推廣青少年禪修，導正偏差社會行為。

- 8月9日

  靈鷲山佛教教團於聖山寺舉辦策略共識營，會中達成以「大家都是有緣人，自然文明生活禪」為教團弘法之精神及目標。

- 8月17日

  心道師父率領「『和平小天使——飛鴿傳愛』訪問團」訪問北京，獲中國國務院副總理吳學謙接見。（圖②）

- 8月27日

  靈鷲山護法會萬金分會成立。

- 8月27日～30日

  靈鷲山無生道場於聖山寺舉辦「行者的踐履」外眾斷食禪三活動。

- 9月1日

  靈鷲山般若文教基金會成立「世界宗教博物館籌備處」。

①

②

- 9月18日～24日
  靈鷲山佛教教團於板橋體育館啟建「舍利心海華嚴大法會」。
- 10月
  靈鷲山無生道場舉辦「觀心靜坐」一日禪活動。
- 10月4日
  心道師父生日，靈鷲山無生道場舉辦朝山大會等活動。（圖①）
- 10月13日
  靈鷲山般若文教基金會於國家音樂廳舉辦「弘一大師紀念音樂會」。
- 11月
  靈鷲山國際佛學研究中心出版《兩岸宗教現況與展望》一書。
- 11月4日
  天主教光啟社丁松筠神父來山參訪，並錄製「一家之主」節目。
- 11月7日～12日
  靈鷲山佛教教團於高雄市立體育場中正技擊館啟建「舍利心海華嚴大法會」。
  （圖②）

- 11月22日
  藏傳佛教格魯派梭巴仁波切來山參訪。
- 12月
  靈鷲山佛教教團舉辦印度朝聖之旅。
- 12月
  靈鷲山般若文教基金會舉辦「行行復行行，從山巔到海底－大家一起來寫心道師父」徵文比賽。
- 12月5日～6日
  靈鷲山國際佛學研究中心假國立台灣師範大學舉辦第三屆「宗教與文化」學術研討會。
- 12月9日～15日
  靈鷲山無生道場於聖山寺舉辦內眾精進禪七。

①

②

ご 1993年

- 1月1日
  靈鷲山無生道場於聖山寺啟建「一九九三年元旦圓燈法會」。（圖①）

- 1月2日
  天主教德蕾莎修女等一行來山參訪。

- 1月30日
  靈鷲山護法會於劍潭青年活動中心舉辦「靈鷲山護法會新春聯誼會」。

- 2月～6月
  世界宗教博物館籌備處舉辦「週六宗教電影欣賞討論會」。

- 2月21日
  靈鷲山般若文教基金會於中國廣播公司開辦「快樂生活禪」廣播節目。

- 3月
  靈鷲山無生道場籌畫「國際那爛陀禪學院」，為世界宗教大學先聲。

- 3月1日～7日
  靈鷲山無生道場舉辦內眾精進禪七。

- 3月9日
  靈鷲山五股分會搬遷新址開光大典，心道師父親臨主持。

- 3月14日～15日
  靈鷲山護法會首度舉辦委員進修營，加強委員對於護持佛法以及心道師父之菩薩行願力的了解與認同。

- 3月17日
  靈鷲山護法會於桃園分會舉辦「西區護法會會員大會」。

- 4月1日～3日
  靈鷲山國際佛學研究中心舉辦「海外佛學系列講座」，首場邀請美國夏威夷大學哲學系成中英教授講座「佛教與本體詮釋學」。

- 4月2日
  靈鷲山護法會台中市淨行分會成立。

- 4月10日
  靈鷲山國際佛學研究中心舉辦「『佛教放生與生態保育專案』成果發表會暨『中國佛教史專題』座談會」。

- 4月17日～18日
  靈鷲山無生道場於聖山寺舉辦「八關齋戒、水懺、金剛禪坐」活動。
  （圖②）

①

②

- 5月1日
  靈鷲山護法會內湖分會成立。
- 5月1日～2日
  靈鷲山無生道場首次舉辦「大自然的呼喚──雲水禪」。
- 5月8日
  靈鷲山護法會於聖山寺舉辦中級委員培訓營。
- 5月11日
  藏傳佛教噶舉派第十二世泰錫度仁波切來山參訪、傳法。（圖①）
- 5月16日
  靈鷲山佛教教團於台中國光國小舉辦「親子一日禪」。（圖②）
- 5月19日
  靈鷲山般若文教基金會受邀參加「生活手工藝展」展示，心道師父出席開幕剪綵儀式。
- 5月26日
  靈鷲山護法會台南市方廣分會成立。（圖③）
- 5月27日
  靈鷲山護法會桃園大竹分會成立。（圖④）
- 5月30日
  靈鷲山護法會於新莊國泰國小舉辦「敬老園遊會」。
- 6月
  世界宗教博物館籌備處舉辦五場「宗教與生活」系列講座。

①

②

③

④

- 6月
  靈鷲山國際佛學研究中心舉辦「大陸佛學專題系列講座」，首場邀請中國人民大學世界宗教研究所方立天所長主講「中國佛教的傳統」。

- 6月3日～7日
  靈鷲山佛教教團於板橋市體育館啟建「法華供燈大法會」。
  （圖①）

①

- 6月9日～19日
  心道師父首度緬甸朝聖之旅。

- 6月12日
  靈鷲山護法會於海洋大學舉辦「鮮花義賣——為燙傷兒童籌募基金」活動。

- 6月19日～20日
  靈鷲山無生道場舉辦「企業雲水禪」。

- 6月20日～26日
  靈鷲山無生道場舉辦內眾精進禪七。

- 6月30日
  靈鷲山護法會桃北分會成立。

- 7月5日
  靈鷲山佛教教團於貢寮鄉舉辦「關懷鄉里救助活動」。

- 7月7日
  天主教安澤霖樞機主教與馬天賜神父、羅馬教廷宗教協談委員會秘書長尻枝正行神父一行來山參訪。（圖②）

②

- 7月11日
  靈鷲山無生道場啟建「開山十周年大悲法會」。（圖③）

- 7月15日～21日
  靈鷲山無生道場於聖山寺舉辦「兒童夏令營」。（圖④）

③

- 8月1日
  靈鷲山佛教教團於基隆海洋大學舉辦「親子一日禪」。

- 8月3日
  世界宗教博物館籌備處舉辦「台北展示室」開幕典禮，並推出「生命的智慧」特展。

④

- 8月7日
  世界宗教博物館籌備處於外貿協會台北國際會議中心舉行「世界宗教博物館籌備處成立大會暨榮譽董事授證」。
- 8月12日～15日
  靈鷲山無生道場於聖山寺舉辦外眾斷食禪三閉關。
- 8月21日～25日
  靈鷲山佛教教團於宜蘭縣立運動公園體育館啟建「舍利心海華嚴法會」。
  （圖①）
- 9月
  靈鷲山國際佛學研究中心「海外佛學系列講座」，邀請印度德里大學佛學所夏瑪教授（T. R. Sharma）主講「根據彌勒《寶性論》對空的新詮」。
- 9月5日
  靈鷲山佛教教團於高雄中山大學舉辦「企業禪」。（圖②）
- 9月12日～18日
  靈鷲山無生道場舉辦內眾精進禪七。
- 9月22日
  靈鷲山佛教教團於台中東興國小舉辦「教師禪」。
- 9月25日～26日
  靈鷲山護法會於南投溪頭舉辦首次「護法會全國委員聯誼」。（圖③）
- 10月
  靈鷲山般若文教基金會開辦「靈鷲山書道禪推廣班」。
- 10月
  靈鷲山國際佛學研究中心舉辦「大陸佛學專題講座二」，邀請中國浙江省社會科學院哲學所吳光教授，主講「陽明學研究方法論」。
- 10月2日～3日
  靈鷲山無生道場於聖山寺啟建「八關齋戒戒會」。
- 10月16日～17日
  靈鷲山國際佛學研究中心與內政部共同於中央圖書館國際會議廳舉辦「宗教與生命禮俗學術研討會」。

①

②

③

- 10月28日
  靈鷲山護法會台北市普賢分會成立。（圖①）
- 10月31日
  靈鷲山佛教教團於桃園縣立體育館舉辦「親子一日禪」。（圖②）
- 11月
  靈鷲山佛教教團台北辦事處搬遷至台北市南京東路。
- 11月
  靈鷲山國際佛學研究中心與台灣師範大學國文系學會、陽明醫學院晨鐘社聯合舉辦四場「臨終關懷」系列講座。
- 11月3日
  靈鷲山般若文教基金會於高雄ECC國際會議中心舉辦「企業禪心有緣人——心道師父佛學講座」。
- 11月12日～16日
  靈鷲山佛教教團於台中市國光國小啟建「地藏菩薩報恩祈福大法會」。

  （圖③）

- 12月2日
  靈鷲山般若文教基金會於淡江大學舉辦「現代生活禪——心道師父V.S.柏楊先生和您談心論道」。（圖④：淡江大學「現代生活禪」座談會：師父與柏楊（右一）對談，陳瑞貴（中）教授主持。）
- 12月3日
  靈鷲山般若文教基金會於高雄市寶成企業大樓舉辦「企業禪心——有緣人生活講座」，邀請心道師父主講。
- 12月11日～15日
  靈鷲山佛教教團於台南市中山國中啟建「地藏菩薩報恩祈福大法會」。

  （圖⑤）

- 12月21日
  靈鷲山護法會桃南分會成立。
- 12月22日
  靈鷲山護法會三芝分會成立。
- 12月23日～28日
  靈鷲山無生道場舉辦內眾精進禪七。

①

②

③

④

⑤

💰 1994年

- 1月1日
  靈鷲山無生道場於聖山寺啟建「一九九四年元旦圓燈法會」。
- 1月14日
  靈鷲山護法會新店分會成立。
- 1月16日
  靈鷲山護法會於北市南京東路成立北區台北講堂。（圖①）
- 1月30日
  靈鷲山護法會於宜蘭羅東成立東區講堂。
- 2月
  靈鷲山護法會成立中區講堂。
- 2月1日～7日
  靈鷲山無生道場舉辦內眾精進禪七。
- 2月2日
  心道師父應邀赴中視錄製新春賀歲節目，向國人介紹五路財神意義、功德。
  （圖②）
- 2月12日～15日
  靈鷲山無生道場首度啟建「新春迎財神法會」。
- 2月17日～22日
  心道師父赴緬甸朝聖參訪，期間會晤緬甸國師烏郭達剌尊者，並以大乘佛教比
  丘身份受邀參加「南傳三藏比丘授證大典」。
- 3月
  世界宗教博物館發展基金會舉辦「世紀的關懷」徵文比賽。（圖③）
- 3月20日
  靈鷲山佛教教團於全台舉辦五場「八關齋戒」，首場於東區講堂舉辦，之後依
  次於桃園、台中、台北、
  高雄等講堂舉辦。
- 3月22日
  「財團法人世界宗教博物
  館發展基金會」登記立
  案。
- 3月23日
  「財團法人靈鷲山社會福
  利慈善事業基金會」登記
  立案。

①

②

③

- 3月25日～26日
  靈鷲山護法會於台北市大同高中舉辦「第一屆護法會幹部及委員授證大會」。
  （圖①）

- 3月26日
  靈鷲山護法會台中潭子法量分會成立。

- 4月
  藏傳佛教賈傑康楚仁波切來山參訪、傳法。（圖②）

- 4月1日
  靈鷲山國際佛學研究中心業務及兩岸宗教交流業務暫停，相關業務轉由靈鷲山
  般若文教基金會綜理。

- 4月3日～6月27日
  靈鷲山佛教教團為祈願八月首次啟建的水陸法會圓滿無礙，於無生道場舉辦
  十七場大乘經典及懺法共修。

- 4月6日～18日
  心道師父首度赴美弘法，期間受邀前往赴哈佛大學、耶魯大學等地指導禪修，
  並拜會哈佛大學世界宗教研究中心主任蘇利文博士（Dr. L. E. Sullivan），奠下
  日後與哈佛宗教研究中心長期合作的契機。

- 4月12日
  靈鷲山無生道場獲台北縣一九九三年宗教團體舉辦公益慈善及社會教化事業績
  優表揚大會頒發成果優異獎。

- 4月23日
  世界宗教博物館發展基金會與內政部、聯合報聯合舉辦「世紀之愛」系列活動
  揭幕。

- 4月23日～7月31日
  世界宗教博物館發展基金會於台北展示室推出「開啟生命智慧之鑰──宗教、
  文物、圖書」展覽。

- 5月1日
  世界宗教博物館發展基金會於台
  北體育館舉辦「為愛拯救地球義
  賣晚會」。

- 5月8日
  世界宗教博物館發展基金會與高
  雄縣殘障年金福利服務促進會於
  高雄鳳山國父紀念館聯合舉辦
  「十大傑出愛心媽媽選拔」頒獎
  表揚典禮。

①

- 5月23日～29日
  靈鷲山無生道場舉辦內眾精進禪七。

- 6月1日～11日
  心道師父偕同馬天賜神父應法國
  跨文化基金會邀請赴北非參加
  「突尼西亞宗教研討會」，發表
  「佛教是如何達到神聖的境界」
  演說。

②

- 6月3日
  靈鷲山護法會與內政部合作於宜蘭監獄舉辦「反毒禪修」活動。
- 6月6日
  藏傳佛教噶舉派卡盧仁波切二世來山參訪。（圖①）
- 6月12日
  靈鷲山護法會萬金分會、三芝分會聯合舉辦首場「淡基陽金公路超度大法會」，亦為國內首次於此三條公路超度意外往生的眾生。
- 6月18日
  靈鷲山護法會與內政部民政司合作於雲林監獄舉辦「反毒禪修」，心道師父親臨教授禪修。
- 7月1日
  世界宗教博物館發展基金會拜會「中華民國天理教總會台灣傳道廳」，受贈天理教經典及圖書。
- 7月7日
  靈鷲山佛教教團舉辦「飛躍禪心──兒童夏日禪心派」系列活動。
- 7月10日
  靈鷲山無生道場開山十一周年慶，舉辦萬人朝山、大悲法會等活動。（圖②）
- 7月11日
  藏傳佛教噶舉派蘇南嘉措仁波切來山參訪、授課。（圖③）
- 7月13日～16日
  靈鷲山無生道場於聖山寺舉辦「大專耕心營」。
- 7月17日
  靈鷲山護法會舉辦「一九九四年度靈鷲山護法會分會長精進營」。

①

②

③

- 7月17日～24日
  靈鷲山無生道場於聖山寺舉辦兩梯次「愛就是關心他──兒童禪修營」。
- 7月24日
  靈鷲山護法會舉辦「南區委員精進營」。
- 8月
  靈鷲山無生道場成立「禪修學會」，同時展開「禪修學會講義」之編輯會務。
- 8月5日
  靈鷲山護法會發行《有緣人月刊》創刊號。
- 8月21日
  世界宗教博物館發展基金會舉辦「飛越禪心──從相聲走入生活」藝術推廣活動。
- 8月22日～28日
  靈鷲山佛教教團於台中市啟建首場「護國息災・祈福壽報恩水陸空大法會」。
- 9月1日
  天帝教蔡光思副秘書長訪問世界宗教博物館發展基金會，並致贈天帝教聖典。
- 9月3日
  世界宗教博物館發展基金會於台北講堂舉辦「凡夫即佛」少年學佛活動。
- 9月4日～10日
  靈鷲山無生道場舉辦內眾精進禪七。（圖①）
- 9月8日
  世界宗教博物館發展基金會「世紀之愛」系列活動於台北市舉辦夏日捐血活動。
- 9月16日
  靈鷲山護法會南區辦事中心成立。

①

- 9月17日
亞洲宗教和平促進會姜會長及秘書野口親一等一行在馬天賜神父陪同下訪問世界宗教博物館籌備處。
- 9月17日～18日
靈鷲山護法會於墾丁活動中心舉辦「靈鷲山護法會一九九四年度全國委員聯誼會」。（圖①）
- 9月21日
靈鷲山護法會舉辦兩場「水陸法會圓滿茶會」，心道師父親臨開示。
- 9月24日～25日
靈鷲山無生道場於聖山寺舉辦「雲水禪」。
- 9月30日
靈鷲山無生道場於聖山寺舉辦外眾「斷食禪三閉關」。
- 10月
靈鷲山護法會推行「布施空間」專案。
- 10月2日
靈鷲山護法會於桃園東門國小舉行「第二屆委員授證大會」。（圖②）
- 10月7日
靈鷲山方廣分會、曾文分會舉辦「臨終關懷精進營」，學員反應熱烈。
- 10月9日
心道師父生日，靈鷲山無生道場舉辦「觀音朝山」等活動。
- 10月10日
靈鷲山護法會於宜蘭縣立運動場舉辦「敬老園遊會」。
- 10月14日
靈鷲山護法會於台北講堂舉辦「北區義工團聯誼」活動。
- 10月16日～11月27日
靈鷲山佛教教團於高雄、台南、台中、台北陸續舉辦「企業人一日禪」。（圖③④）

①

②

③

④

- 10月17日～25日
  心道師父赴緬甸受南傳三壇大戒。
- 10月22日～24日
  靈鷲山無生道場於聖山寺首度舉辦「在家五戒戒會」。
- 10月25日
  世界宗教博物館發展基金會舉辦「世界宗教博物館規劃之方向」座談會及籌備成果簡報展。
- 10月30日～12月25日
  靈鷲山西區護法會舉辦北台灣朝山活動，祈願一九九五年度水陸法會圓滿順利。
- 11月3日～9日
  心道師父應邀赴義大利北部Riva Del Garda參加第六屆世界宗教和平會議（World Conference of Religions for Peace, WCRP）。
  （圖①）

①

- 11月5日
  世界宗教博物館發展基金會舉辦「從相聲走入生活」系列活動。
- 11月7～17日
  世界宗教博物館籌備處展開西歐博物館考察之旅。（圖②）
- 11月12日
  靈鷲山台中講堂舉辦講堂開光大典暨神奇舍利展。
- 11月16日
  靈鷲山無生道場舉辦「心道師父修行地尋根之旅」。
  （圖③）

②

③

- 11月22日
  泰國康懇法師來山參訪、傳法。（圖①）
- 11月22日
  中國國家文物局長張德勤率領中國大陸博物館代表等一行來山參訪。
- 12月
  藏傳佛教竹巴噶舉派傳承持有者竹千法王來山參訪，並與心道師父會晤交流。
- 12月
  靈鷲山《般若文教月刊》出版最後一期（五十八期），後轉型為季刊雜誌。
- 12月5日～11日
  靈鷲山無生道場舉辦內眾精進禪七。
- 12月17日
  世界宗教博物館發展基金會舉辦「榮譽董事暨宗教文化諮詢委員會授證典禮」。
- 12月24日～26日
  靈鷲山無生道場於聖山寺舉辦外眾「精進禪三閉關」。
- 12月24日
  世界宗教博物館發展基金會於靈鷲山台北講堂舉辦「『世界宗教博物館徵文比賽』頒獎典禮」。
- 12月25日
  世界宗教博物館發展基金會與內政部、聯合報系於高雄縣立文化中心共同舉辦「暖暖冬陽──歲末殘障聯歡晚會」活動。
- 12月28日～30日
  靈鷲山無生道場於聖山寺啟建「梁皇圓燈法會」。
- 12月31日
  靈鷲山社會福利慈善事業基金會與貢寮鄉公所於澳底國小共同舉辦「暖暖鄉情」活動。

①

1995年

- 1月3日
  心道師父與各大宗教代表赴中視錄製「今夜圍爐不打烊」新春特別節目，為新的一年賀歲祈福。（圖①）

- 1月12日
  靈鷲山護法會西區講堂成立。（圖②）

- 1月15日～21日
  靈鷲山無生道場舉辦「大專禪修營」。

- 1月20日～28日
  心道師父率團赴緬甸朝聖。

- 2月2日～4日
  靈鷲山無生道場於農曆春節期間啟建「新春迎財神祈福薦供大法會」。

  （圖③）

- 2月9日～10日
  靈鷲山無生道場舉辦「成長親子禪修營」。

- 2月11日
  靈鷲山護法會舉辦「北區委員開春聯誼會」。

①

- 2月13日～18日
  靈鷲山無生道場舉辦內眾精進禪七。

- 2月26日
  靈鷲山護法會於台北講堂舉行一九九六年「北區第一次委員精進營」。

- 2月28日～3月13日
  心道師父應竹千法王邀請率徒眾赴印度展開「西藏新年・智慧之旅」；行程中，安排前往尼泊爾朝禮密勒日巴尊者閉關山洞，並發願在此興建閉關中心。

- 3月
  靈鷲山護法會成立「北區助念團」，並分別於台北講堂和新莊分會舉辦「助念基礎班」之講習。

②

- 3月19日
  世界宗教博物館籌備處協助高雄市立美術館「台灣傳統版畫源流特展」，提供館藏台灣傳統版畫拓本參與展示。

③

- 3月26日
  靈鷲山護法會於台北市大同高中舉辦「一九九五年全國委員授證大會」。
  （圖①）

- 3月28日
  中央研究院院士李亦園博士參訪世界宗教博物館籌備處。

- 3月31日
  世界宗教博物館發展基金會舉辦「『靈鷲鳥』捐贈典禮」，靈鷲鳥是「為籌建世界宗教博物館而跑」活動之吉祥物，為漫畫家蔡志忠先生設計，並贈予靈鷲山。

- 4月1日～4日
  靈鷲山無生道場於聖山寺舉辦外眾斷食禪三。

- 4月4日～23日
  心道師父展開美東弘法行，此行於美國紐約成立靈鷲山One Center道場，並啟建「佛陀舍利子供養法會」。

- 4月16日
  世界宗教博物館發展基金會於台北市大葉高島屋、力霸百貨衡陽店、內湖明德春天百貨公司三處同時舉辦「藝人愛心大連線」宗博義賣活動。

- 4月23日
  世界宗教博物館發展基金會於高雄市大統百貨公司舉辦「藝人愛心大連線」宗博義賣活動。

- 4月24日
  靈鷲山護法會舉辦一九九四年「第一期委員進修營」。

- 4月29日～30日
  靈鷲山護法會於貢寮龍門營區舉辦「護法會會長精進營」。

- 5月7日
  靈鷲山無生道場舉辦「浴佛節法會」。

- 5月9日
  靈鷲山無生道場受託為李登輝總統之父李金龍先生告別式公祭舉行佛事。

- 5月21日～28日
  靈鷲山佛教教團於全台各地舉辦「為籌建世界宗教博物館而跑」路跑募款活動。

- 5月28日
  藏傳佛教拉瑪貢噶仁波切訪問靈鷲山紐約One Center道場。

- 5月30日
  靈鷲山佛教教團與內政部、中國青年創業協會聯合於台北國父紀念館舉辦「愛就是幫青少年找回心靈淨土座談會」。

- 6月5日～10日
  心道師父赴印尼弘法，行程中，主持靈鷲山印尼中心成立「玉佛開光大典」，為靈鷲山佛教教團第一座海外講堂。

①

- 6月10日～11日
靈鷲山護法會舉辦「一九九五護法會全國委員聯誼會——棲蘭山明池之旅」。
- 6月16日
靈鷲山般若文教基金會舉辦「宗教新視野」座談會。
- 6月18日
天帝教蔡光思研究員偕同美、俄學者等一行來山參訪。
- 6月20日～7月5日
靈鷲山護法會於全國各地舉辦「世紀愛・宗博情——為宗博而跑」感恩茶會。
- 6月25日
靈鷲山無生道場開山十二周年慶，舉辦萬人大朝山暨祈福消災大悲法會。

（圖①）

- 6月27日
耶穌基督末世聖徒教會亞洲區域會長卡爾曼約翰長老、台灣教會會長尹國印、
梁世威等一行訪問世界宗教博物館籌備處。
- 7月1日～2日
靈鷲山無生道場舉辦「一永日寂靜禪修班」澄靜授證結業式。
- 7月2日
靈鷲山護法會於台中講堂召開「護法會全國區幹部年中會議」。
- 7月3日～13日
靈鷲山無生道場於聖山寺舉辦「快樂生活禪」兒童禪修營。
- 7月9日
靈鷲山護法會於文化大學推廣教育中心舉辦「春季授證委員精進營」。
- 7月16日
靈鷲山美國康州分會首次舉辦半日禪修活動，及美國各區分會會長聯誼餐會。
- 7月17日
日本沖繩電視台社長保田伸幸先生等一行訪問世界宗教博物館發展基金會，交
流浮版文物研究經驗。
- 7月18日
西藏協會理事長覺安慈仁老師在蒙藏委員會羅中展專員陪同下，訪問世界宗教
博物館發展基金會，並與心道師父晤談。
- 7月30日
德國柏林國家電台來山訪問心道師父，暢談世界宗教博物館籌建理念與精神。
- 8月
環宇國際文化基金會（統一教在台組織之一）陳平國際事務部主任林理俐女士訪問世界宗教博物館發展基金會，並邀請本館至韓國參加該教世界文化暨體育大慶典「世界宗教和平會議」。

- 8月
  義大利耶穌會Francisco神父至桃園水陸法會現場拜會心道師父。
- 8月
  美國佛教組織Tricycle基金會及雜誌創辦人等一行參訪靈鷲山紐約One Center道場。
- 8月3日～9日
  靈鷲山佛教教團首次於桃園巨蛋體育館啟建一九九五年「終戰五十年──息靈祈安水陸空吉祥大法會」。
- 8月10日～27日
  心道師父率世界宗教博物館籌備處人員赴俄羅斯進行「俄羅斯宗教與博物館訪察計畫」。
- 8月20日～21日
  天主教柯博識神父等一行來山參訪。
- 8月27日～9日2月
  靈鷲山佛教教團於聖山寺舉辦「聖山七駐──大專禪修營活動」。
- 8月30日
  靈鷲山護法會於世貿中心聯誼社舉辦「心懷感恩‧圓滿歡喜」水陸義工感恩茶會。
- 9月7日
  靈鷲山佛教教團與內政部於高雄師範大學共同主辦「新學期‧心希望──關懷青少年演唱會」。
- 9月13日
  靈鷲山護法會於桃園東門國小舉辦「水陸法會議工感恩茶會」。
- 9月14日～29日
  心道師父率團赴美、加進行宗教文化交流與博物館考察；此行，共參訪美國國立浩劫紀念館、寬容博物館、蓋提博物館、大都會藝術博物館等博物館。
- 10月
  世界宗教博物館發展基金會出版《宗博簡訊》季刊試刊號。
- 10月
  藏傳佛教噶舉派德頌仁波切來山參訪並傳法。
- 10月3日
  世界宗教博物館籌備處舉行「台北展示室重新開幕暨開幕茶會」。
- 10月7日～8日
  靈鷲山護法會舉辦「護法會會長精進營」。
- 10月8日
  靈鷲山護法會舉辦「義工團精進營」。
- 10月9日
  心道師父生日，靈鷲山無生道場訂此日為「淨行日」，並於福隆海域舉行淨山淨水、海灘拾穢活動。
- 10月14日
  靈鷲山護法會於台中市忠孝國小舉行「秋季全國委員授證大會──分享靈鷲長情‧散播無盡大愛」。

- 10月15日～24日
  靈鷲山無生道場舉辦內眾精進禪十。
- 10月15日
  靈鷲山護法會於台中日內瓦會議中心舉辦「全國委員精進營」。
- 10月29日
  靈鷲山佛教教團與環保署、聯合報聯合舉辦「福隆海水浴場淨灘淨水活動」。
- 11月3日
  世界宗教博物館發展基金會拜訪「台灣天理教傳道廳」。
- 11月5日～19日
  靈鷲山西區護法會舉辦北台灣公路朝山活動，祈願一九九六年水陸法會順利圓滿。
- 11月10日
  靈鷲山佛教教團於台中市中山堂舉行「飆心立意──偶像、邊緣少年VS.新新人類座談演唱會」。（圖①）

①

- 11月10日～11日
  藏傳佛教噶舉派德頌仁波切來山參訪並傳法。
- 11月11日～12日
  靈鷲山無生道場舉辦「點燈供佛大悲法會」。
- 11月25日
  世界宗教博物館發展基金會拜訪世界宗教徒協會，獲贈「台灣宗教領袖名冊」。
- 11月26日
  靈鷲山護法會於台北劍潭活動中心舉辦「護法會會長精進營」，邀請江韶瑩教授介紹世界宗教博物館籌建進度。（圖②）

②

- 12月
  靈鷲山般若文教基金會發行《般若季刊》試刊號。
- 12月5日～17日
  心道師父率徒眾前往南非參訪。（圖③）
- 12月9日
  世界宗教博物館發展基金會於台北世貿國際會議中心舉辦榮董授證典禮。

③

- 12月16日～21日
  俄羅斯布里亞特歷史博物館館長等一行訪問世界宗教博物館發展基金會，並參加宗博動土典禮。
- 12月17日
  靈鷲山佛教教團於永和舉行「世界宗教博物館台北館動土典禮暨感恩園遊會」。（圖①）
- 12月21日～23日
  哈佛大學世界宗教研究中心主任蘇利文博士訪問世界宗教博物館發展基金會，並參加基金會舉辦的「宗教學術交流座談會」。（圖②）
- 12月29日～1月14日
  靈鷲山佛教教團舉辦「印度佛國聖跡朝聖之旅」，由法性法師帶領。

①

②

🔁 1996年

- 1月

  世界宗教博物館發展基金會申請加入國際博物館協會（International Council of Museums, ICOM）及英國博物館協會（Museums Association）。

- 1月1日

  靈鷲山佛教教團於聖山寺啟建「一九九六年圓燈法會」。

- 1月1日～9日

  靈鷲山無生道場舉辦內眾精進禪七。

- 1月19日

  靈鷲山佛教教團推動「愛在貢寮」工作計畫，並成立貢寮鄉志願服務隊。

- 1月28日～2月3日

  靈鷲山無生道場於聖山寺舉辦大專禪修營。

- 2月

  世界宗教博物館發展基金會申請加入美國博物館學會（American Association of Museums，簡稱AAM）。

- 2月

  靈鷲山佛教教團於聖山寺舉辦「貢寮鄉志願服務隊」尾牙茶宴。

- 2月3日～7日

  靈鷲山佛教教團於聖山寺啟建梁皇法會。

- 2月21日～23日

  靈鷲山無生道場啟建「一九九六年新春迎財神祈福法會」。

- 3月

  世界宗教博物館發展基金會出版《宗博簡訊季刊》創刊號。

- 3月

  藏傳佛教寧瑪派毘盧仁波切來山參訪並傳法。

- 3月5日～14日

  靈鷲山無生道場舉辦內眾精進禪十。

- 3月7日

  世界宗教博物館發展基金會成立榮譽董事聯誼會。

- 3月17日

  靈鷲山佛教教團於台北世貿大樓舉行榮董聯誼會成立大會。

- 3月18日～20日

  靈鷲山無生道場於聖山寺舉辦「少年禪修營」。

- 3月28日～31日

  靈鷲山護法會舉辦「會長海外精進營」，至香港研修並考察當地博物館。（圖①：海外會長精進營晚間之行禪活動。）

- 4月

  靈鷲山佛教教團於中央廣播電台開辦「心道法語」廣播節目。

- 4月7日

  靈鷲山佛教教團於無生道場首度啟建「一九九六年水陸法會先修華嚴法會」，為台灣佛教界水陸法會之首例，俾祈增益水陸法會冥陽兩利之功德。

①

- 4月11日～14日
  世界宗教博物館發展基金會舉辦香港博物館考察之行。
- 4月14日
  靈鷲山護法會於台北世貿國際會議中心舉辦「第一屆會員代表大會暨委員授證大會」。
- 4月19日
  世界宗教博物館發展基金會拜會猶太教艾恩宏博士，了解以色列、中東宗教發展現況。
- 4月20日
  輔仁大學宗教學研究所師生一行來山參訪，並與心道師父暢談世界宗教博物館理念。
- 4月21日
  靈鷲山護法會於桃園成立一九九六年吉祥大水陸法會籌備處。
- 4月29日
  藏傳佛教噶舉派堪布卡特仁波切來山參訪並傳法。
- 5月
  靈鷲山般若文教基金會出版《般若季刊》創刊號（一九九六年五月春季號）。
- 5月
  韓國殊眼禪師在詩人兼畫家楚戈先生陪同下來山參訪，並與心道師父說禪論機。（圖①：韓國殊眼禪師（左）來山，期間受邀臨墨作畫。圖②：此圖由殊眼禪師、楚戈先生及師父三人所合作完成。）
- 5月～6月
  靈鷲山佛教教團於全台各地舉辦「關懷考生開啟智慧之門——佛腳！給我抱抱！」為考生祈福活動，為國內佛教團體首次以宗教祈福儀式關懷考生之創舉。
- 5月2日
  心道師父應邀參加耶穌基督末世聖徒教會興格萊戈登會長訪台特別教友大會。
- 5月5日～11日
  靈鷲山無生道場舉辦內眾精進禪七。

①

②

- 5月11日～12日
  靈鷲山佛教教團於龍門活動中心舉辦「淨山淨水」暨「牽成遊戲會」感恩母愛活動。（圖①）

- 5月17日～29日
  心道師父率世界宗教博物館訪問團至中東地區參訪土耳其、以色列等宗教聖地，並拜會當地宗教團體。

- 5月19日
  靈鷲山無生道場舉辦「浴佛節——浴佛、拜願、朝山」等活動。

- 6月
  心道師父赴美弘法，並主持靈鷲山紐約One Center道場開光儀式。（圖②）

- 6月8日
  靈鷲山台南中心舉辦「開光大典暨『佛腳！給我抱抱！』考生祈福活動」。

- 6月15日～16日
  靈鷲山美國紐約道場舉辦禪堂開光暨「萬燈供佛舍利法會」，心道師父親臨主法。

- 6月23日
  靈鷲山無生道場開山十三周年慶，舉辦千人朝山，「萬人馬拉松、百萬大悲咒」以及啟建「一九九六年水陸法會先修文殊法會」等活動。（圖③）

- 6月29日
  世界宗教博物館發展基金會召開國際展示設計公司徵選會議。

- 7月3日～17日
  靈鷲山佛教教團於貢寮龍門露營區舉辦兩梯次「大專耕心營」。

- 7月6日
  靈鷲山護法會舉行「護法會全國幹部會議」。

- 7月6日～17日
  靈鷲山佛教教團於貢寮龍門露營區舉辦兩梯次「一休兒童夏令營」。（圖④）

- 7月7日
  靈鷲山佛教教團於無生道場啟建「一九九六年水陸法會先修度亡法會」。
- 7月12日～15日
  藏傳佛教貝魯欽哲仁波切來山參訪。
- 7月14日
  靈鷲山無生道場成立「大願菩薩義工隊」。（圖①）
- 7月20日
  靈鷲山花蓮共修處佛堂開光。
- 7月21日～27日
  靈鷲山無生道場舉辦「歡喜菩薩觀自在營」禪修活動。
- 7月24日
  國立歷史博物館前館長陳康順先生訪問世界宗教博物館籌備處，並與心道師父交流博物館精神與經驗。
- 7月30日
  世界宗教博物館發展基金會敦聘美國寬容博物館館長Dr. Gerald Margolis為本館籌備駐美諮詢顧問。
- 8月14日
  靈鷲山佛教教團與中國時報共同製作「台灣首屆歡喜鬼節」專題，連載於趣味休閒版，強調「一念善心、歡喜菩薩」精神，改變國人對中元普度的刻板印象。
- 8月16日～22日
  靈鷲山佛教教團於桃園巨蛋體育館啟建一九九六年「關懷家庭、改變家運水陸空吉祥大法會」。
- 8月30日
  天主教輔仁大學宗教學研究所師生一行來山參訪，並與心道師父溝通雙方合作方向。
- 9月2日
  土耳其伊斯蘭教總會秘書長兼時報報社（ＺＡＭＡＮ）董事長ISMAIL先生參訪無生道場。
- 9月10日～16日
  心道師父率徒眾赴印尼朝聖、弘法。（圖②：朝聖團於婆羅屠共修）
- 9月21日
  世界宗教博物館發展基金會舉辦世界宗教博物館——台北館委託展示設計簽約儀式。
- 9月22日～26日
  靈鷲山無生道場舉辦內眾精進禪七。
- 9月24日
  日本京都東獅子會與台灣台北東南獅子會獅友一行來山參訪，並資助世界宗教博物館籌建工作。

①

②

- 10月2日
  靈鷲山佛教教團籌辦「世界宗教研究院」，為「世界宗教大學」的階段性計畫。
- 10月10日
  心道師父生日，靈鷲山佛教教團擴大舉辦淨山淨水活動。
- 10月12日
  靈鷲山護法會於台北縣永和秀朗國小舉辦「慈悲三昧水懺」法會，感恩委員、會員的付出、奉獻。
- 10月14日
  心道師父應邀赴泰國參加「亞洲宗教與和平國際會議（The Asian Conference on Religion and Peace, ACRP）」。
- 10月17日
  藏傳佛教寧瑪派格巴多傑仁波切來山參訪。
- 10月20日
  靈鷲山佛教教團於無生道場啟建「一九九七年水陸法會先修焰口法會」。
- 10月24日～27日
  靈鷲山無生道場舉辦外眾「精進閉關斷食」活動。
- 11月7日～13日
  心道師父率世界宗教博物館籌備處人員赴紐約召開博物館顧問討論會。
- 11月14日
  靈鷲山護法會陸續於全台各地舉辦「校正會籍資料」講習宣導。
- 11月16日～12月2日
  心道師父率同多位法師至緬甸「莫哥（Mogok）毘婆舍那內觀禪修中心」禪修參學。
- 11月17日
  台北圓山臨濟寺念佛會一行來山參訪。
- 12月
  藏傳佛教噶舉派竹千法王、寧瑪派毘盧仁波切來山參訪。
- 12月17日～22日
  靈鷲山無生道場舉辦內眾精進禪七。
- 12月21日
  靈鷲山社會福利慈善事業基金會於聖山寺召開「貢寮社區發展──街坊福利協調會議」。
- 12月26日
  以色列經濟文化辦事處處長圖艾麒先生與葛安娜小姐訪問世界宗教博物館籌備處，雙方討論未來合作發展方向。
- 12月29日
  靈鷲山社會福利慈善事業基金會與台北縣殘障福利服務協會共同舉辦關懷殘友之「共創心靈之愛園遊會」。
- 12月29日
  靈鷲山台中講堂啟建開光大典儀式暨藥師法會，心道師父親臨主法。

- 1月
  世界宗教博物館官方網站上線，網址：http://www.twwrm.org。
- 1月1日
  靈鷲山無生道場啟建「圓燈法會」。（圖①）
- 1月17日
  財團法人靈鷲山佛教基金會向內政部立案登記。
- 1月17日
  日本京都東獅子會及台灣東南獅子會聯合捐贈世界宗教博物館發展基金會文物一批，並於圓山飯店舉行授贈典禮。
- 1月19日
  靈鷲山高屏講堂正式開光成立。
- 1月25日
  靈鷲山護法會於無生道場舉行「全國委員歲末聯誼會」。
- 2月1日
  靈鷲山佛教基金會與中華日報合作開闢固定性專欄「心靈銀行」，結合國內知名插畫家尤俠的畫作，介紹心道師父生活佛法法語。
- 2月9日～13日
  靈鷲山無生道場啟建「新春平安大薈供」法會。
- 2月12日～16日
  靈鷲山西區桃園講堂於桃園市成功國小啟建「新春大悲懺法會」。（圖②）
- 2月20日～23日
  靈鷲山無生道場舉辦「莫哥（Mogok）禪三」禪修活動，為全台的莫哥禪修班暖身。
- 2月22日
  靈鷲山台東中心成立。
- 2月23日～3月4日
  靈鷲山無生道場舉辦內眾精進禪十。
- 3月8日～29日
  世界宗教博物館籌備處於誠品敦南書店舉辦「宗教之美」系列講座及書展。
- 3月16日
  靈鷲山佛教教團於無生道場啟建「一九九七年水陸法會先修藥師法會」。
- 3月23日
  靈鷲山無生道場舉辦靈鷲山四大名山朝山行，首巡朝禮普賢菩薩道場。

①

②

- 3月25日
  世界宗教博物館發展基金會假輔仁大學淨心堂舉行「藏傳佛教在台灣」特展。
  （圖①）

- 3月28日～4月1日
  靈鷲山佛教教團應曼谷台商聯誼會邀請至泰國弘法並舉辦「『生活禪』的精義」佛學講座，獲當地僑胞熱烈迴響，結下深厚法緣。

- 4月3日
  靈鷲山般若文教基金會與中華詩學研究社合作成立「中華詩學推廣部」。

- 4月12日
  靈鷲山佛教教團於無生道場舉辦「春季全台榮董聯誼」。

- 4月16日
  靈鷲山美國紐約道場舉辦「一念善心感恩結緣」歡迎心道師父餐會。

- 4月21日～25日
  心道師父率領世界宗教博物館籌備處等一行人，至英國倫敦參加五年聖地計畫活動。

①

- 4月22日
  世界宗教博物館發展基金會拜會中國回教青年會，獲贈伊斯蘭文物一批。

- 4月27日
  靈鷲山護法會於台北國父紀念館舉辦「心靈驚蟄——第二屆全國會員代表大會」。（圖②）

②

- 5月4日
  靈鷲山佛教教團於基隆中正國小啟建「一九九七年水陸法會先修延生血湖孝親法會」暨關懷殘障園遊會。（圖③）

③

- 5月17日～18日
  靈鷲山護法會於無生道場舉行全國會長精進營。
- 5月24日～6月6日
  靈鷲山佛教教團首度舉辦西藏朝聖之旅，心道師父率領徒眾展開雪域佛國之旅。（圖①）
- 6月7日～22日
  靈鷲山護法會於全台各區講堂舉辦「關懷考生──開啟智慧之門」活動。
- 6月9日～14日
  靈鷲山無生道場舉辦內眾精進禪七。
- 6月29日
  靈鷲山無生道場開山十四周年慶，舉辦心靈之旅系列活動及啟建「一九九七年水陸法會先修度亡法會」。（圖②）
- 7月1日
  靈鷲山佛教教團成立「善書中心」，校訂刊行經典。
- 7月7日
  靈鷲山佛教教團於聖山寺舉辦大專耕心營。

  （圖③）
- 7月7日～13日
  靈鷲山佛教教團於聖山寺舉辦兩梯次的「靈鷲山歡喜小菩薩夏令營」。（圖④）
- 7月7日～23日
  世界宗教博物館籌備處人員展開美國博物館考察之行。
- 7月16日
  藏傳佛教寧瑪派貝諾法王來山參訪、傳法，並與心道師父會晤交流。
- 7月18日
  靈鷲山佛教教團於中國廣播公司開播「開罐物語」節目，關懷青少年心靈。

①

②

③

④

- 8月
  靈鷲山般若文教基金會發行之「般若季刊」，出版一九九七年秋季號後停刊。
- 8月8日～14日
  靈鷲山佛教教團於桃園巨蛋體育館啟建一九九七年「中華民國聯合各界慈悲開運水陸吉祥大法會」。（圖①）
- 8月20日～27日
  靈鷲山無生道場舉辦內眾精進禪七。
- 8月29日～9月1日
  靈鷲山無生道場舉辦大專禪修營。
- 9月
  靈鷲山世界宗教研究院計劃轉型調整而暫時中止。
- 9月2日
  泰國普靜、法心、智者三位尊者來山參訪。
- 9月2日
  中國大陸菁英婦女友好訪問團在中華民國婦女菁英聯盟及東北角管理處陪同下來山參訪。
- 9月3日
  緬甸南傳佛教賓內梭達尊者來山結夏安居兩個月並傳授呼吸法。
- 9月4日～7日
  靈鷲山無生道場舉辦外眾閉關斷食禪修活動。
- 9月5日
  世界宗教博物館發展基金會協同土耳其Samanyolu電視台於台北講堂舉辦「宗教對人類與社會之影響」座談會。（圖②）
- 9月6日～12日
  心道師父展開印尼弘法之行。
- 9月13日
  靈鷲山護法會舉辦「靈鷲心靈中秋夜·月夜月美麗」幹部聯誼會。
- 9月17日～23日
  靈鷲山無生道場舉辦「外眾精進禪七」。

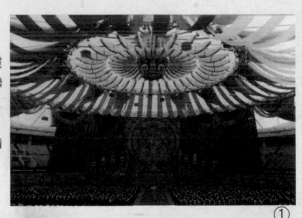

①

②

- 9月21日

  靈鷲山佛教教團舉辦心靈驚蟄行動系列，於台北、桃園、台中三地擴大舉辦「淨山、淨水、淨心靈」活動。

- 9月22日～29日

  心道師父應澳洲《華聲日報》之邀，參訪澳洲雪梨。（圖①）

- 10月4日～5日

  靈鷲山萬金分會啟建「淡基陽金公路超度大法會」。

- 10月9日

  馬來西亞佛教高僧三摩維亞難陀來山參訪。

- 10月10日～12日

  心道師父五十壽辰，靈鷲山佛教教團舉辦「在家五戒暨八關齋戒傳戒會」及起造「三世佛塔」等活動祝賀。

- 10月26日

  靈鷲山佛教教團舉行桃園講堂開光典禮暨「神奇舍利特展」，並啟建「一九九八年水陸法會先修梁皇法會」。

- 11月22日～23日

  來自世界各國的天主教團體在馬天賜神父引介下，來山進行「天主教團體小避靜」靈修活動。

- 11月23日

  靈鷲山無生道場舉辦內眾精進禪十。

- 12月19日～30日

  心道師父率領徒眾朝禮尼泊爾佛教聖地，並勘查「靈鷲山尼泊爾閉關中心」預定地。（圖②）

- 12月19日～21日

  靈鷲山佛教教團參加第一屆「台北世界宗教博覽會」，展出各類殊勝的宗教文物，並向大眾介紹「世界宗教博物館」。

①

②

🈁 1998年

- 1月17日～20日
  靈鷲山無生道場舉辦「大專青年生活禪幹部訓練營」。

- 1月17日
  心道師父率團參訪靈巖山寺及中台山，並與妙蓮長老、惟覺法師分別歡喜晤談。

- 1月17日
  靈鷲山護法會於無生道場舉辦「一九九八年靈鷲山歲末全國委員團員聯誼會」。

- 1月19日～20日
  藏傳佛教寧瑪派貝瑪才旺仁波切來山參訪並傳法。

- 1月30日～2日1月
  靈鷲山無生道場啟建新春迎福圓燈法會。

- 2月5日～8日
  靈鷲山無生道場舉辦「歡喜菩薩冬令營」大專青年禪修活動，並成立「靈鷲山青年生活禪修會」。

- 2月6日～8日
  靈鷲山新莊講堂於新莊市新泰國中舉辦「新春祈福平安觀音法會」。

- 2月7日～13日
  靈鷲山台中講堂於台中市國光國小舉辦「新春祈福梁皇大法會」。

- 2月13日～19日
  靈鷲山無生道場舉辦外眾精進禪七。

- 2月20日～3月1日
  靈鷲山無生道場舉辦內眾精進禪十。

- 2月24日～28日
  華航大園空難頭七，靈鷲山佛教教團於空難現場啟建「梁皇超度法會」，心道師父親蒞主持安靈灑淨。（圖①）

①

- 3月2日
  世界宗教博物館發展基金會邀請伊斯蘭教時報報社（ZAMAN）杜安先生、巴漢廷先生等來訪，交流宗教和平的實踐。

- 3月7日
  世界宗教博物館發展基金會假國賓飯店召開「一九九八年榮譽董事聯誼會」。

- 3月7日～10日
  世界宗教博物館籌備處於台北國父紀念館廣場舉辦「尋找慈悲與智慧的影像」等相關活動。（圖②）

②

- 3月8日
  靈鷲山護法會「靈鷲山心心菩提婦聯會」成立。（圖①）
- 3月15日～18日
  美國Ralph Appelbaum Associates Incorporated 公司（以下簡稱RAA公司）總裁奧若夫（Mr. Ralph Appelbaum）率團隊來台提出世界宗教博物館規劃設計簡報。
- 3月20日
  天主教靈醫會副會長李智神父及聖嘉民啟智中心主任來山參訪。
- 3月22日
  靈鷲山佛教教團於台北市興雅國中啟建「春季報恩暨一九九八年水陸法會先修八關齋戒、三時繫念法會」。
- 4月4日
  靈鷲山三峽道場金佛開光。
- 4月4日
  台北貢寮鄉五所國小校長連袂來山參訪，並與心道師父討論佛法、教育等議題。
- 4月7日～8日
  法國天主教耶穌會前會長歐神父（Fr. Jacques Orgebin）、馬天賜神父及梅謙立修士等一行來山參訪。
- 4月14日
  心道師父訪問天主教聖母聖衣隱修院，並交流靈修經驗。
- 4月16日～29日
  心道師父率領徒眾展開美加弘法之行，行程中安排至RAA公司討論宗教博物館設計理念。
- 4月23日
  心道師父受邀至加拿大溫哥華世界佛教會發表演說。
- 4月25日
  美國佛教仁俊長老來山參訪並講授佛法課程。
- 5月3日
  靈鷲山佛教教團於基隆市中正國小啟建「靈鷲山愛心園遊會暨一九九八年水陸法會先修延生血湖孝親法會」。
- 5月6日～13日
  世界宗教博物館籌備處人員訪中國北京、承德，與北京各博物館館長和社會科學研究院交流。
- 5月10日
  心道師父應邀赴高雄縣勞工育樂中心參加「第五屆十大傑出愛心媽媽」表揚大會。

①

- 5月10日
  輔仁大學宗教學系師生來山參訪，心道師父與師生舉行座談，並暢談世界宗教博物館的創建理念。
- 5月22日～24日
  靈鷲山無生道場舉辦外眾精進斷食禪三。
- 5月26日
  世界宗教博物館發展基金會獲內政部「寺廟教會興辦公益慈善社會教化事業暨宗教人士績優表揚大會」表揚。
- 5月30日～6月7日
  心道師父率徒眾展開西藏朝聖之旅。
- 6月～9日
  緬甸烏依麻剌尊者來山結夏安居，並為僧眾授課傳法。
- 6月7日
  靈鷲山嘉南中心成立二周年慶暨二樓大悲殿啟用典禮，心道師父親臨主持。
- 6月8日
  藏傳佛教寧瑪派第十一世敏令赤欽法王（睡覺法王）率領近百位喇嘛來山參訪。
  （圖①）

①

- 6月13日～14日
  靈鷲山護法會於淡水舉辦「了脫生死精進營」。
- 6月21日～27日
  靈鷲山無生道場舉辦內眾精進禪七。
- 7月3日～6日
  靈鷲山無生道場舉辦大專生活禪修營。
- 7月5日
  靈鷲山無生道場十五周年慶，舉辦觀音道場開光大典暨一九九八水陸法會先修度亡法會等活動。
  （圖②）

②

- 7月10日～16日
  靈鷲山無生道場舉辦外眾精進禪七。
- 7月24日
  世界宗教博物館發展基金會邀請承德文物局副局長杜江先生演講「乾隆皇帝與藏傳佛教」。
- 7月30日
  中國宗教局副局長王作安先生率中國宗教交流中心台灣訪問團一行參訪世界宗教博物館發展基金會，進行兩岸宗教交流。
- 8月5日
  世界宗教博物館發展基金會與美國RAA公司簽訂「台北館規劃、設計、發展及監造合約」。
- 8月5日～9月19日
  世界宗教博物館發展基金會舉辦七場「捨得與捨不得‧宗教與生命關懷系列講座」。（圖①）
- 8月9日
  俄羅斯布里亞特共和國（The Republic of Buryatia）首都烏蘭屋迪市（Ulan-Ude）市長一行人來山參訪。
- 8月21日～27日
  靈鷲山佛教教團於桃園巨蛋體育場啟建「平安是福——一九九八年水陸空大法會」。（圖②）
- 9月
  世界宗教博物館新版官網上線，網址：www.wrm.org.tw
- 9月5日
  天主教主教團宗教交談合作委員會執行秘書馬天賜神父率領「吳甦樂羅馬聯合修女會」來山參訪。
- 9月10日
  心道師父獲梵諦岡教廷暨天主教教宗若望保祿二世頒贈「教宗祝福狀」，讚揚心道師父籌建世界宗教博物館的精神和理念。
- 9月20日～30日
  靈鷲山無生道場舉辦內眾精進禪十。

①

②

- 10月3日～5日
  藏傳佛教寧瑪派卓千闕噶仁波切來山傳法。
- 10月13日～21日
  靈鷲山佛教教團展開美、加弘法之行。
- 10月18日
  靈鷲山高屏講堂舉辦「企業人一日禪」。
- 10月22日～28日
  心道師父五十一歲壽誕，靈鷲山無生道場首度舉辦短期出家活動，以法供養上師。（圖①）
- 10月31日～11月1日
  靈鷲山萬金分會啟建「淡金、基金、陽金公路超度暨敬老祈福法會」。
- 10月31日～11月9日
  心道師父受邀率徒眾赴韓國、日本參訪並發表演講。
- 11月7日～13日
  靈鷲山佛教教團受邀至香港啟建梁皇法會，心道師父親蒞教授「寂靜修」。

（圖②）

- 11月15日
  靈鷲山佛教教團於台北縣海山高工啟建「一九九九年八關齋戒暨水陸法會先修三時繫念法會」。
- 11月16日～20日
  心道師父率領靈鷲山全體法師朝禮中國普陀山。
- 11月19日
  天主教馬天賜神父與古寒松神父偕同奧地利研究團體來山參訪，關懷了解世界宗教博物館之籌建進度。
- 11月21日
  靈鷲山佛教教團於無生道場舉辦「與大師對談──生死輪迴座談會」，邀請文化界、學術界人士與心道師父座談。
- 11月22日～28日
  靈鷲山台南中心啟建「梁皇法會」。

①

②

- 11月29日
  靈鷲山中壢中心舉行開光大典暨大悲法會。
- 12月1日～31日
  藏傳寧瑪派毘盧仁波切首次傳授大寶伏藏灌頂。
- 12月6日
  靈鷲山高屏講堂於高雄中山大學舉辦「企業人一日禪」。
- 12月9日～10日
  世界宗教博物館發展基金會與RAA公司、台灣宗教界人士進行「世界宗教博物館『台灣宗教展示區』」規劃座談。
- 12月12日～13日
  靈鷲山佛教教團參加「第二屆台北宗教博覽會」。（圖①）
- 12月12日～13日
  靈鷲山護法會於聖山寺舉辦「一九九八年度委員授證大會」。（圖②）
- 12月13日～19日
  靈鷲山無生道場舉辦內眾精進禪七。
- 12月19日
  亞洲宗教與和平協進會（Asian Conference on Religion and Peace, ACRP）訪問世界宗教博物館籌備處。
- 12月27日
  靈鷲山護法會於聖山寺舉辦「溫馨義工聯誼會」。

①

②

② 1999年

- 1月
  靈鷲山無生道場舉辦內眾精進禪七，邀請毘盧仁波切、緬甸賓內梭達及烏依麻剌尊者傳法。

- 1月6日
  靈鷲山佛教教團於台北貢寮舉辦街坊掃街活動以及歲末敬老聯歡活動。

- 1月10日
  靈鷲山樹林籌備中心舉辦「觀音普佛祈福法會」。

- 1月13日～17日
  靈鷲山台北講堂舉辦「拜《法華經》法會」。

- 1月14日～19日
  靈鷲山台南講堂舉辦「牛奶浴財神法會」。

- 1月15日
  世界宗教博物館發展基金會參與鴻禧美術館「清宮密藏——承德避暑山莊藏傳佛教文物特展」，提供館藏「明朝巨型普巴杵」參與展出。

- 1月17日
  靈鷲山彰化分會於彰化縣立體育館舉辦「八關齋戒暨慈悲三昧水懺法會」。

- 1月21日～24日
  心道師父率世界宗教博物館籌備處人員赴美、加弘法，並與RAA公司、蘇利文教授共同討論「世界宗教博物館展示內容」。

- 1月19日
  藏傳佛教堪布仁波切來山傳法。

- 1月24日～28日
  靈鷲山佛教教團於台南市新興國小啟建「新春迎財神暨一九九九年水陸法會先修平安祈福梁皇法會」。

- 1月24日
  靈鷲山基隆中心慶祝升格講堂，並於基隆仁愛國小大禮堂舉辦歲末聯誼活動。

- 1月31日
  靈鷲山無生道場導覽團正式成立。

- 2月2日
  世界宗教博物館發展基金會拜會天主教狄剛總主教，討論雙方合作方式。

- 2月10日
  法國非洲藝術博物館館長Jean-Hubert Martin先生參訪世界宗教博物館籌備處。

- 2月12日～21日
  靈鷲山佛教教團推出「歡歡喜喜迎宗博」系列活動。

- 2月13日～3月2日
  世界宗教博物館發展基金會舉辦「認識世界宗教博物館」特展，推介世界宗教博物館，並展出「新春聖物特展——嘎巴拉、天杖」。（圖①：展中之藏傳佛教聖物——天杖）

①

- 2月18日～20日
  靈鷲山無生道場啟建「新春迎財神暨平安祈福梁皇大法會」。
- 2月21日
  心道師父與鴻禧美術館董事長張秀政共同為「清宮密藏──承德避暑山莊藏傳佛教藝術文物特展」揭幕。
- 2月26日
  靈鷲山佛教教團於宜蘭羅東舉辦一九九九年「跨世紀嘉年華法會暨聯合勸募愛心園遊會」。
- 2月26日～28日
  靈鷲山無生道場舉辦外眾斷食禪三。
- 2月27日～3月5日
  心道師父偕同蘇利文博士展開印度參訪交流之行，拜會錫克教、印度教以及西藏達蘭薩拉政府。
- 3月11日
  靈鷲山護法會推動「百福專案」，第一場說明會於基隆長榮桂冠飯店舉行。
- 3月21日
  靈鷲山佛教教團於台北市木柵高工啟建「一九九九年水陸法會先修地藏法會暨孝親尋根園遊會」。
- 3月21日～27日
  靈鷲山無生道場舉辦內眾精進禪七。
- 4月3日
  靈鷲山永和中心開光。
- 4月10日
  靈鷲山無生道場啟建「圓滿施食」百次圓滿法會。（圖①）
- 4月11日
  心道師父受邀為中和潑水節主持祈福儀式。
- 4月11日
  世界宗教博物館發展基金會舉辦三場「宗教文明系列講座」。
- 4月17日
  靈鷲山護法會於聖山寺舉辦「全國委員精進營」。
- 4月19日
  達賴喇嘛遣特使賈傑康楚仁波切，致贈靈鷲山教團和平祝福禮「智慧大海」圖像偈語及隨身的金剛鈴、杵。（圖②）

① ②

- 4月19日
  藏傳佛教賈傑康楚仁波切來山傳法。

- 4月23日～27日
  心道師父前往泰國弘法，並於曼谷主持「佛陀舍利供養法會」；並至僧王寺晉見泰僧王智護尊者（H. H. Somdet Phra Nyanasamvara）。

- 5月
  靈鷲山佛教教團推動「萬緣歸宗──萬元結好緣」專案，廣邀小朋友成為世界宗教博物館的榮譽會員。（圖①）

- 5月2日～3日
  靈鷲山佛教教團於基隆市中正國小啟建「一九九九年水陸法會先修藥師法會暨孝親園遊會」。

- 5月7日
  藏傳佛教寧瑪派卓千闕噶仁波切來山傳法。

- 5月16日
  世界宗教博物館發展基金會委託德國馬堡大學Michael Pye教授、英國蘭卡斯特大學Elliot E. Shaw教授執行「世界十大宗教、地區宗教」之基本資料調查計畫結案。

- 5月19日
  藏傳佛教寧瑪派馬貢仁波切來山傳法。

- 5月21日～6月5日
  心道師父率眾展開美加弘法之行，於加拿大溫哥華主持「佛陀舍利供養法會」，並於美國紐約舉辦「了脫生死精進營」禪修。

- 5月22日
  靈鷲山溫哥華籌備處成立。

- 6月11日
  心道師父率世界宗教博物館籌備處人員參訪台中自然科學博物館。

- 6月16日～17日
  心道師父參訪高雄科學工藝博物館、高雄市立美術館、奇美董事長及奇美博物館。

- 6月17日
  心道師父拜會天主教台北總主教公署，並與單國璽樞機主教及鄭再發主教交換宗教交流經驗與心得。

- 6月26日～27日
  靈鷲山護法會於淡水富邦教育中心舉辦「了脫生死精進營」。

- 6月26日
  世界宗教博物館發展基金會於北投華僑會館舉辦「榮董授證暨聯誼大會」及「宗博之鑰開啟世紀之門」，展示建設進度與成果。

- 7月3日
  靈鷲山護法會於花蓮啟建「慈悲三昧水懺法會」。

①

- 7月4日～5日
  靈鷲山無生道場開山十六周年慶，舉辦「三世佛塔暨塔林開光大典」、「一九九九年水陸法會先修幽冥救苦地藏法會」等活動。（圖①）

- 7月4日～7日
  靈鷲山無生道場舉辦「暑期大專禪修營」。

- 7月6日～9日
  靈鷲山無生道場舉辦「歡喜小菩薩夏令營」。

- 7月7日～23日
  世界宗教博物館發展基金會及蘇利文博士率領哈佛大學宗教研究中心同仁分別於美國華盛頓特區印地安博物館、費城藝術大學、紐約哈佛俱樂部、波士頓哈佛大學宗教研究中心、芝加哥藝術學院、舊金山現代藝術博物館等地舉辦六場世界宗教博物館展示內容討論會議。（圖②：博物館展示內容討論會——華盛頓。）

- 7月12日
  靈鷲山台中講堂開光啟用。

- 7月13日
  印度加爾各達博物館前館長、眾僧協會副會長及數名宗教研究學者等訪問世界宗教博物館籌備處。

- 7月18日～24日
  靈鷲山無生道場舉辦外眾禪七。

- 8月
  靈鷲山佛教基金會發起「全民行善運動」，號召國內二千個社團一起推動二千個善行。

- 8月
  靈鷲山聖山寺於每週六、日舉辦「聯合超薦法會」。

- 8月
  靈鷲山佛教教團發行「有緣人」海外中、英文版。

- 8月11日～18日
  靈鷲山佛教教團於桃園巨蛋體育館啟建一九九九年「開運致福水陸大法會暨中元藝術祭」，首次於外壇增設密壇，邀請藏傳佛教仁波切主法，展現三乘合一的宗風。

- 8月25日～29日
  心道師父率團前往中國北京與藝文界及台灣企業界人士交流，並拜會承德文物局局長。

①

②

- 8月27日
  世界宗教博物館發展基金會拜會以色列經濟文化辦事處處長顧特曼先生,討論合作事宜。
- 8月29日
  靈鷲山佛教教團與宜蘭縣政府共同於宜蘭員山福園舉辦「中元地藏法會」。
- 9月4日～10日
  靈鷲山無生道場舉辦「短期出家傳戒會」。
- 9月8日
  世界宗教博物館發展基金會於台北講堂舉行世界宗教博物館展示內容第七場總結座談會。(圖①)
- 9月10日
  心道師父與RAA總裁奧若夫先生、蘇利文教授召開世界宗教博物館「台北館模型介紹」媒體發表會。(圖②)
- 9月11日～12日
  靈鷲山護法會分別於台南、淡水舉辦「一九九九年護法會幹部工作教育訓練班」。
- 9月19日～25日
  靈鷲山無生道場舉辦內眾精進禪七。
- 9月19日
  靈鷲山高屏講堂舉行「南區榮董第一次聯誼會」。
- 9月22日
  九二一地震重創中台灣,靈鷲山佛教基金會接受南投縣政府委託,成立南投縣北區賑災中心,於第一時間全力投入救災。
- 9月27日
  靈鷲山佛教教團接受南投縣政府委託啟建「九二一頭七安靈息災地藏法會」。

①

②

- 10月
  靈鷲山佛教教團認養重建南投國姓鄉育樂國小。
- 10月
  靈鷲山護法會規劃「佛法、禪修、臨終關懷」等信眾課程，為講堂工作重點。
- 10月～12月
  心道師父於九二一大地震後，隨即到災區開示，並於全台展開「當生命遇上死亡」巡迴心靈講座。
- 10月5日～10日
  靈鷲山台北講堂舉辦「梁皇法會」。
- 10月11日
  心道師父聯合國內天主教、基督教、伊斯蘭教和道教等五大宗教領袖，合拍九二一賑災公益廣告，呼籲社會各界重視災後心靈重建，倡議「家園破了，心不能破」和「重建家園，從『心』出發」的重建理念。
- 10月17日
  心道師父生日，靈鷲山無生道場舉辦大齋天法會、九二一賑災感恩會等活動，為震災罹難者超度及眾生祈福。
- 10月19日
  靈鷲山佛教基金會於台北紫藤蘆舉辦「心靈建設」座談會，討論震災後的心靈重建工作。
- 10月20日～11月2日
  靈鷲山佛教教團赴美國紐約與加拿大溫哥華等地弘法。
- 10月21日
  靈鷲山宜蘭共修處成立。
- 10月22日～11月21日
  世界宗教博物館發展基金會協辦國立歷史博物館「道教文物特展」。（圖①）
- 10月25日～11月10日
  靈鷲山般若文教基金會接受國防部委託舉辦六場「國軍心靈重建講座」，為參與救災的國軍官兵進行心靈重建輔導工作。
- 11月
  靈鷲山新竹共修處成立。
- 11月1日～4日
  心道師父應邀參加台灣人智學會主辦的「第五屆太平洋人智學年會」，發表「生命的實相與愛的奧秘」演說。（圖②）

①

②

- 11月6日～7日
  靈鷲山佛教教團於淡水舉辦「臨終關懷精進營」。
- 11月9日
  靈鷲山佛教教團認養重建南投國姓鄉育樂國小，與校方完成簽約。
- 11月11日
  靈鷲山佛教教團接受立榮航空委託於馬祖地區啟建「安靈息災地藏法會」。
- 11月14日
  靈鷲山佛教教團於桃園東門國小啟建「二〇〇〇年水陸法會先修八關齋戒暨三時繫念法會」。
- 11月21日
  靈鷲山護法會於台北舉辦「執行長教育訓練營」。
- 11月26日
  靈鷲山新莊中港中心舉行開光大典。
- 11月27日
  靈鷲山護法會於台北講堂舉辦「常務委員教育訓練營」。
- 11月27日～12月2日
  靈鷲山新莊中港中心舉辦「梁皇寶懺法會」。
- 12月
  靈鷲山佛教教團於貢寮鄉舉辦巡迴義診。
- 12月
  靈鷲山佛教教團官方網站上線，網址是http://www.ljm.org.tw。
- 12月1日～8日
  心道師父應邀至南非開普敦參加第三屆「世界宗教會議（CPWR）」，發表「千禧年的心靈挑戰——世界宗教博物館的回應」和「二十一世紀的佛教」兩場演講，受到世界各宗教領袖的肯定與支持。
- 12月18日～1月15日
  靈鷲山佛教教團關懷九二一震災災民，每週六於南投、台中等災區舉辦音樂欣賞活動。
- 12月19日～28日
  靈鷲山無生道場舉辦內眾精進禪十。
- 12月28日
  靈鷲山佛教教團與台中東勢鎮公所於東豐大橋河濱公園共同舉辦「九二一震災百日追思地藏及三時繫念法會」及「真愛——東豐大橋祈福點燈活動」。
- 12月30日
  世界宗教博物館發展基金會拜會梵諦岡教廷駐台辦事處，與易福霖代辦討論宗教交流等事項。
- 12月31日
  靈鷲山無生道場舉辦「迎接千禧·心靈曙光——聖樂·地瓜·平安粥」活動。

2000年

- 1月
  世界宗教博物館發展基金會成立「世界宗教青年聯盟（International Youth Interfaith Union，IYIU）」。

- 1月5日
  世界宗教博物館發展基金會拜會中國回教協會教長馬孝棋、秘書長倪國安，溝通雙方合作計畫。

- 1月7日～18日
  心道師父展開美國弘法，並與RAA設計公司討論世界宗教博物館規劃內容。

- 1月11日～16日
  靈鷲山台北講堂舉辦「大乘妙法蓮華經法會」。

- 1月15日
  靈鷲山護法會發行並推廣「終身修行手冊」。

- 1月15日
  靈鷲山社會福利慈善事業基金會於聖山寺舉辦「敬老聯誼」活動。

- 1月18日～20日
  泰國僧王智護尊者致贈金佛予世界宗教博物館，支持心道師父興建「世界宗教博物館」之精神。

- 1月20日
  靈鷲山佛教教團於桃園機場大廳舉辦迎金佛暨記者會，並於新光三越站前店舉辦「瞻禮金佛──千禧金佛千人祈福活動」。

- 1月21日
  靈鷲山佛教教團於台北世貿國際會議中心舉辦「靈鷲山生命覺醒講座暨千禧金佛祈福大會」。

- 1月25日～28日
  靈鷲山無生道場舉辦大專生活禪體驗營，並成立「靈鷲山自由空間青年生活禪修會」。

- 1月27日
  天主教馬天賜神父陪同梵諦岡教廷駐台代辦易福霖神父一行人來山參訪。

  （圖①）

- 1月28日
  心道師父率領世界宗教博物館籌備處人員拜訪約旦及阿曼王國駐台商務辦事處。

①

- 1月30日
  靈鷲山新竹共修處舉行開光大典。
- 2月4日
  靈鷲山佛教教團於南投縣中寮鄉舉辦「除夕圍爐溫馨夜」活動，並恭迎泰國僧王贈送之金佛至現場，為九二一震災災區及災民祈福。（圖①）
- 2月6日～9日
  靈鷲山佛教教團啟建「千禧年迎財神 —— 千年歡喜」新春祈福圓燈法會。
- 2月11日～13日
  靈鷲山西區桃園講堂於桃園市成功國小舉辦「迎新春法華大悲點燈祈福法會」。
- 2月13日～18日
  靈鷲山佛教教團舉行台中講堂落成典禮暨新春迎財神法會，以及啟建「二〇〇〇年水陸法會先修梁皇法會」。（圖②）
- 2月13日～21日
  心道師父率團前往尼泊爾、泰國朝聖，先後拜會竹千法王、泰國僧王與美彭尊者，並於曼谷主持「千禧新春迎財神祈福薦供大法會」。（圖③：2000年2月，心道師父率團首度拜會泰僧王（圖中央）。）
- 2月20日～29日
  靈鷲山無生道場舉辦內眾精進禪十。
- 3月
  靈鷲山佛教教團「有緣人」月刊海外版，榮獲北美洲Summit Creative Award新聞類別的印刷設計銀牌獎。

①

②

③

- 3月3日

  以色列駐台北經濟文化辦事處處長顧特曼（Uri Gutman）先生與夫人葛怡（Avigail）女士以及文化部主任林浩然先生等來山參訪。

- 3月4日～5日

  靈鷲山護法會於淡水舉辦「授證委員精進營」。

- 3月11日～12日

  靈鷲山護法會於淡水舉辦兩梯次「華嚴精進營」。

- 3月19日

  靈鷲山佛教教團於台北講堂啟建「二○○○年水陸法會先修孝親報恩清明地藏法會」。

- 3月22日～24日

  世界宗教博物館發展基金會於台北順益原住民博物館及世界宗教博物館籌備處會議室，舉辦「宗博館展示設計簡報會議」，邀請心道師父、RAA公司總裁奧若夫先生、哈佛大學蘇利文教授等出席與會。（圖①）

- 3月22日～25日

  靈鷲山台南中心於台南市新興國小舉辦「舍利法華大法會」。

- 3月24日～30日

  靈鷲山無生道場舉辦「二○○○年短期出家淨戒會」。

- 3月25日

  心道師父受邀參加天帝教天極行宮「中華民族海內外同胞聯合祭祖大典」擔任主祭。

- 4月1日

  心道師父以傑出校友身分受邀前往桃園龍崗士官學校發表「全方位的人生」演說。

- 4月2日

  靈鷲山佛教教團與宜蘭縣政府共同於宜蘭員山福園舉辦「萬花祈福——清明節聯合祭典法會」。

- 4月9日

  靈鷲山基隆講堂啟建「基隆區清明懷恩地藏超度大法會」。

- 4月22日

  靈鷲山護法會於桃園巨蛋體育館舉辦「希望與榮耀——靈鷲山二○○○年會員代表大會暨榮譽董事年會」及「靈鷲山世界宗教音樂饗宴」。（圖②）

①

②

- 4月26日
  靈鷲山佛教基金會因協助九二一賑災深獲肯定，受內政部頒獎表揚。
- 4月26日
  世界宗教博物館發展基金會拜會沙烏地阿拉伯經濟文化辦事處。
- 4月29日
  靈鷲山佛教基金會接受台北市政府委託於市政府中庭啟建「千禧年台北工殤春祭」法會。（圖①）
- 4月30日
  佛光山南非南華寺住持慧禮法師帶領佛光山南非佛學院法師一行來山參訪。
- 5月
  靈鷲山護法會組織改革完成，正式從會長制走入委員制。
- 5月1日
  世界宗教博物館發展基金會接受中華民國宗教與和平協進會委託，編輯九二一地震災後各宗教心靈重建刊物《陪伴》月刊。
- 5月1日～2日
  加拿大環保音樂家馬修連恩（Matthew Lien）來山參訪，並與心道師父對談。
  （圖②）
- 5月5日
  世界宗教博物館發展基金會舉辦「世紀之愛‧溫馨饗宴」慈善晚會。
- 5月7日
  靈鷲山無生道場慶祝釋迦牟尼佛聖誕，舉辦「文殊菩薩道場朝山及浴佛節」等活動。
- 5月8日
  靈鷲山聖山寺啟建「三大士焰口」超度法會，超度濱海公路的亡魂。
- 5月8日～19日
  心道師父率徒眾參訪美、加博物館及弘法、交流，並至RAA公司討論世界宗教博物館「華嚴精神」的展現。
- 5月12日
  靈鷲山泰國曼谷中心成立。
- 05月13日
  靈鷲山佛教教團於基隆女中啟建「二〇〇〇年水陸法會先修孝親園遊會暨藥師法會」。

①

②

- 5月13日〜14日
  靈鷲山紐約One Center道場啟建「千禧華嚴精進營暨藥師普佛法會」，心道師父蒞臨現場開示。
- 5月20日〜21日
  靈鷲山護法會於淡水舉辦「初階了脫生死精進營」。
- 5月21日〜27日
  靈鷲山無生道場舉辦外眾精進禪七。
- 5月21日
  靈鷲山佛教教團與新莊市公所共同於新莊縣立體育館舉辦「多久沒牽阿母的手——有情新莊孝親感恩園遊會」活動。
- 5月28日
  靈鷲山佛教基金會認養之南投縣國姓鄉育樂國小舉辦「起大厝‧迎新生一校園重建動土祈福典禮」。（圖①）
- 6月
  靈鷲山護法會推動「靈鷲山三三三輕鬆計畫專案」。
- 6月
  世界宗教博物館發展基金會推出「與當代大師有約」成就榮譽董事專案，邀請社會各界共同成就宗博建設。
- 6月2日
  世界伊斯蘭聯盟（Muslim World League）秘書長歐貝德博士（Abdullah bin Saleh Al-Obaid）參訪世界宗教博物館，與心道師父會晤，了解宗博興建進度及宗教交流事誼。（圖②）
- 6月3日〜11日
  心道師父赴馬來西亞吉隆坡弘法，並成立靈鷲山大馬弘法聯絡處。
- 6月3日〜4日
  靈鷲山護法會於淡水舉辦「進階了脫生死精進營」，心道師父親傳「華嚴心法」。

①

②

- 6月4日
  靈鷲山無生道場普賢道場「佛腳印」落成，先後於全台各區講堂舉辦「佛腳抱抱」考生祈福法會。

- 6月6日～12日
  世界宗教博物館發展基金會參加香港第十屆國際觀光旅遊展（ITE）；並拜會香港道教、佛教、伊斯蘭教及天主教等宗教團體。

- 6月15日～18日
  靈鷲山無生道場舉辦「在家五戒」傳戒會。

- 6月16日
  泰國美彭尊者來山參訪。（圖①）

- 6月18日～20日
  天主教狄剛總主教及輔仁大學文物館主任來山參訪，洽談世界宗教博物館「世界宗教展示大廳」之天主教展示內容及文物捐贈相關事宜。

- 6月24日～25日
  靈鷲山護法會於高雄澄清湖青年活動中心舉辦「初階了脫生死精進營」，心道師父親臨開示。

- 7月2日
  靈鷲山無生道場開山十七周年慶，舉辦普賢道場開光暨「二〇〇〇年水陸法會先修度亡三時繫念法會」等活動。（圖②）

- 7月4日～7日
  靈鷲山無生道場舉辦「大專生活禪體驗營」。

- 7月5日
  心道師父應邀前往台北清真寺參訪，與沙烏地阿拉伯駐台辦事處處長艾方、回協秘書長倪國安、清真寺董事長梁真光、回教文化教育基金會董事長馬凱南等晤談。

①

③

- 7月6日
  靈鷲山護法會於台北力霸皇冠飯店舉辦「靈鷲山二千年第一屆全國水陸願力委員聯誼會」。
- 7月11日～13日
  世界宗教博物館發展基金會與敦安社會福利基金會、太古踏舞團聯合於無生道場舉辦「青少年心靈藝術森林體驗營」。
- 7月14日
  心道師父應邀赴台南縣國父紀念館為「陳錦芳博士畫展」開幕剪綵。
- 7月15日
  世界宗教博物館發展基金會應邀參加中國回教協會舉辦的世界宗教博物館發展基金會伊斯蘭文物座談會。
- 7月18日～22日
  心道師父應邀前往中國河北柏林禪寺為「生活禪夏令營」教授禪修。
- 7月19日
  世界宗教博物館發展基金會拜會沙烏地阿拉伯商務辦事處處長艾方，洽談伊斯蘭文物募集事宜。
- 7月26日～28日
  靈鷲山佛教教團邀請英國劍橋大學「國王學院聖樂合唱團」（King's College Choir, Cambridge）來台獻唱演出。（圖①）
- 7月29日
  靈鷲山佛教教團於圓山大飯店舉辦「來自劍橋的禮讚——慈善音樂饗宴」。
- 7月29日
  世界宗教博物館發展基金會拜會日本佛教「立正佼成會——台灣教會」教會長後藤忠男。

①

- 8月9日～16日
  靈鷲山佛教教團於桃園巨蛋體育館啟建二〇〇〇年「新世紀普度水陸空大法會」。（圖①）

- 8月14日
  心道師父應邀至中視錄製「海外中國」節目，介紹世界宗教博物館，暢談建館理念及國際宗教交流成果。

- 8月18日～25日
  靈鷲山無生道場舉辦內眾精進禪七，邀請藏傳佛教寧瑪派噶陀傳承毘盧仁波切傳法。

- 8月20日
  靈鷲山宜東講堂與宜蘭縣政府合辦「福園中元超度法會」。

- 8月27日～9月19日
  心道師父展開國際弘法之行，向國際傳揚世界宗教博物館的理念。

- 8月27日～31日
  心道師父以世界宗教博物館創辦人身份受邀參加聯合國「千禧年宗教及精神領袖世界和平高峰會議」，發表演講「如何轉化衝突」，並與各宗教代表共同簽署「包容與無暴力承諾」和平宣言。

- 9月1日～7日
  心道師父於「千禧年宗教及精神領袖世界和平高峰會議」會後，停留紐約繼續進行宗教交流活動；期間，受邀於紐約宗教交流中心，發表「創造一個寬容與理解的宗教文化」演說。

- 9月8日～19日
  心道師父受邀參訪科羅拉多州靈修區與印地安保護區；之後，前往美國西岸，弘揚宗博理念。

- 9月9日～10日
  靈鷲山護法會於淡水舉辦「常務委員精進營」。

- 9月23日
  靈巖山寺自強法師、自立法師一行人來山參訪。

- 9月24日～10月1日
  心道師父陪同副總統呂秀蓮等國家訪問團展開中美洲友邦訪問之旅，與各國天主教領袖舉行會談，宣揚世界宗教博物館的創建理念。

- 10月1日
  心道師父生日淨行月，靈鷲山教團舉辦「以法為供養祝壽會」等活動。

- 10月8日
  靈鷲山社會福利慈善事業基金會於貢寮鄉舉辦巡迴義診。

- 10月10日～15日
  靈鷲山台北講堂舉辦「梁皇寶懺法會」。

①

- 10月14日～15日
  靈鷲山護法會於淡水舉辦「全國委員精進營」。
- 10月21日
  韓國海印寺法師來山參訪。
- 10月22日
  靈鷲山佛教教團於基隆市仁愛國小啟建「二〇〇一年水陸法會先修藥師法會暨三時繫念」。
- 10月27日
  靈鷲山佛教基金會捐助善款幫助南投法治村的失學小孩。
- 10月29日～11月7日
  心道師父前往香港拜會當地宗教界及文化界人士，並與香港中文大學宗教系師生進行對談。
- 11月1日
  靈鷲山佛教教團受新加坡航空委託，於桃園國際機場啟建新航失事乘客超度法會。
- 11月5日～11日
  靈鷲山無生道場舉辦內眾精進禪七。
- 11月17日～18日
  心道師父應邀參加輔仁大學主辦的「宗教交談」國際學術研討會。
- 11月18日
  靈鷲山教團接受委託於桃園巨蛋體育館啟建「新加坡航空空難聯合公祭」。
- 11月19日
  世界宗教博物館發展基金會應邀參加巴哈伊教在台三十周年慶祝活動。
- 12月
  靈鷲山般若文教基金會認捐籌建泰國北部美賽縣建華高中。
- 12月
  靈鷲山佛教教團開設「生活禪體驗營」，讓對佛法有興趣者能在靈鷲山無生道場實際體會出家人的生活。
- 12月3日
  靈鷲山台南中心與台南市政府、市議會共同於台南市中山公園舉辦「跨越——愛在鳳凰城園遊會」。
- 12月7日
  世界宗教博物館發展基金會開辦六堂「宗教體驗課程」。
- 12月13日～18日
  心道師父展開馬來西亞「愛・和平・地球家弘法之行」，拜會馬來西亞伊斯蘭教IKIM組織及達摩難陀尊者。
- 12月17日
  靈鷲山佛教教團於彰化縣忠孝國小大禮堂啟建「二〇〇一年水陸法會先修八關齋戒暨金佛舍利法會」。
- 12月26日
  世界宗教博物館發展基金會與新境界文教基金會於圓山飯店共同舉辦「國際跨宗教事務發展研討會」，討論內政部「宗教團體法草案」。

⚛ 2001年

- 1月18日～21日
  靈鷲山無生道場舉辦「冬令大專生活禪體驗營」。
- 1月26日～28日
  靈鷲山無生道場啟建「新春迎財神法會」。
- 1月31日
  世界宗教博物館獲「世界伊斯蘭教聯盟」致贈「天房罩幕」等珍貴伊斯蘭文物，肯定世界宗教博物館建館理念，進一步加深雙方的交流與合作。
- 1月31日
  藏傳佛教登巴喇嘛來山參訪，並與心道師父晤談。
- 2月11日～19日
  靈鷲山無生道場舉辦內眾精進禪九。
- 2月18日
  韓國松廣寺住持普成老和尚來山參訪、授課。（圖①）

①

- 2月18日～20日
  「東亞宗教交流訪問團」來山參訪，會晤心道師父，進行宗教交流以及靈修經驗分享。
  （圖②）
- 2月20日
  藏傳佛教噶舉派賈謙仁波切來山參訪並傳法。
- 2月21日
  世界宗教青年聯盟在靈鷲山台北觀自在道場舉辦「心道師父V.S.宗青盟學員」世代交融心靈對談。
  （圖③）
- 2月27日～3月3日
  心道師父率團展開「尼泊爾朝聖之旅」，並於密勒日巴尊者閉關山洞外啟建「華嚴三品共修法會」。
- 3月1日
  靈鷲山無生道場草寮禪堂原址重建為今日的聞喜堂。
- 3月3日～8日
  心道師父展開香港及中國大陸東莞弘法行。
- 3月5日
  藏傳佛教噶舉派賈謙仁波切來山參訪並傳法。

②

③

- 3月8日
  世界宗教博物館發展基金會於台北希爾頓飯店舉辦「世界伊斯蘭教聯盟致贈宗博文物感恩茶會」。
- 3月9日
  藏傳佛教寧瑪派卓千闕噶仁波切來山參訪。（圖①）
- 3月11日
  靈鷲山佛教教團舉辦年度四場朝山活動，本日首場「朝禮大行普賢王菩薩」；其餘三場分別在4月9日、8月5日、9月16日。
- 3月12日～18日
  心道師父率徒眾展開美國弘法之行。
- 3月15日
  靈鷲山社會福利慈善事業基金會響應「送愛到印度」賑災活動，籌募救援物資送往印度。
- 3月16日
  靈鷲山佛教基金會智庫與世界宗教博物館首次舉辦「專家學者諮詢會議」。
- 3月17日～18日
  靈鷲山護法會於台北市天母舉辦「二○○一年度靈鷲山全國授證委員精進營」。
- 3月18日
  靈鷲山佛教教團於高雄市勞工公園啟建「二○○一年水陸法會先修地藏法會暨三時繫念」。
- 3月19日～23日
  心道師父前往印尼雅加達弘法。
- 3月24日
  靈鷲山佛教基金會認助「九二一震災南投縣國姓鄉育樂國小」重建工程完工，舉辦落成啟用典禮。（圖②）

①

②

- 3月31日
靈鷲山聖山寺啟建春季祭典地藏法會。
- 4月
靈鷲山社會福利慈善事業基金會於貢寮鄉舉辦「鄉民免費巡迴義診」活動。
- 4月1日
靈鷲山無生道場後山鐵棚拆除重建工程舉行開工儀式，原址重建為今之華藏海。
- 4月1日
靈鷲山基隆講堂於基隆市民活動中心啟建「清明懷恩地藏大法會」。
- 4月7日
副總統呂秀蓮接見心道師父、達賴喇嘛，心道師父敬邀達賴喇嘛參加宗博館開館典禮，並致贈宗博榮譽顧問聘書。（圖①）
- 4月9日
靈鷲山聖山寺啟建「濱海公路、藍色公路超度法會」。
- 4月15日
靈鷲山護法會於台北世貿國際會議中心舉辦「二○○一年靈鷲山希望與榮耀會員代表大會」。
- 4月15日
聯合國世界和平高峰會（World Peace Summit）祕書長巴瓦·金（Bawa Jain）來台，頒贈心道師父擔任聯合國「千禧年宗教及精神領袖世界和平高峰會（Millennium World Peace Summit of Religious and Spiritual Leaders）」委員會諮詢委員證書，心道師父亦邀請巴瓦·金擔任宗博館榮譽顧問。
- 4月16日
心道師父應邀參加法鼓山文教基金會主辦的「宗教與世界和平及心靈環保座談會」，並與與會代表共同簽署「世界和平宣言（Commitment to Global Peace）」。
- 4月16日
靈鷲山無生道場開辦「一日禪師資班」。
- 4月17日
心道師父偕同聯合國世界和平高峰會秘書長巴瓦·金、「千禧年世界宗教暨精神領袖和平高峰會」副主席戴娜·梅瑞恩（Dena Merriam）以及法鼓山聖嚴法師，拜會立法院王金平院長。
- 4月17日
聯合國世界和平高峰會秘書長巴瓦·金先生來山參訪。

①

- 4月17日～22日
  靈鷲山台北講堂舉辦「妙法蓮華經法會」。
- 4月19日
  心道師父展開世界宗教博物館開館全球巡迴宣傳活動，分別前往日本、香港、美洲、歐洲、中東等地召開記者會；期間，於日本宣布成立「世界神聖遺址保護委員會」，呼籲並推動各界共同維護宗教聖蹟。
- 4月21日
  靈鷲山香港佛學會講堂開光，心道師父親臨主持灑淨及開光大典。
- 5月1日～12日
  心道師父獲莫札法王認證為寧瑪派噶陀傳承「虹光身成就者」轉世，率徒眾赴西康求法，並參與康區阿日札寺舉辦的「普賢王如來世界和平大會」。
- 5月9日
  韓國通度寺住持吉祥法師等一行來山參訪。
- 5月20日
  靈鷲山佛教教團於台南市和順里民活動中心啟建「二〇〇一年水陸法會先修孝親地藏法會暨三時繫念」。
- 5月20日～29日
  靈鷲山無生道場舉辦內眾精進禪十。
- 5月26日～28日
  日本東京國學院大學神道資料館館長三橋健教授訪問世界宗教博物館籌備處。
- 5月31日
  靈鷲山善藝佛堂開光。
- 5月31日
  靈鷲山佛教教團認養之九二一重建學校南投育樂國小師生一行來山參訪。
- 6月
  靈鷲山般若文教基金會發行「智慧田有聲雜誌」。
- 6月1日
  靈鷲山佛教基金會獲行政院頒發「民間認養九二一學校重建工程」感謝獎牌。
- 6月7日
  美國印地安原住民文化研究專家莎朗（Sharon F.）女士偕同日本神慈秀明會等來山參訪。
- 6月12日～14日
  心道師父率團赴美國參訪，與世界文化紀念物基金會（World Monuments Fund）副總裁約翰‧史都柏（John Stubbs）等人見面，討論「維護宗教聖地古蹟委員會」研究案，並與哥倫比亞大學宗教與藝術教授商談合作事宜。期間，並接受路透社新聞網、俄羅斯電視台等媒體專訪。
- 6月17日
  靈鷲山台北講堂於台北市大同高中啟建「北區八關齋戒暨藥師法會」，心道師父親臨主持、開示。
- 6月22日
  緬甸烏衣麻剌尊者來山結夏安居並傳授內觀禪修。

- 7月
  靈鷲山佛教基金會為推廣「生命教育」，舉辦「生命教育」系列徵文活動。
- 7月7日
  世界宗教博物館發展基金會於台北市國父紀念館舉辦「開館造勢活動」。
- 7月8日
  靈鷲山無生道場十八周年慶，舉辦「二〇〇一年水陸法會先修度亡法會」等活動。
- 8月3日～6日
  世界宗教青年聯盟於台北三峽大板根休閒山莊舉辦「國際宗教青年大使第一期志工培訓營」。
- 8月5日
  心道師父展開波士尼亞和平之行，會晤美國駐當地大使，並與天主教、伊斯蘭教、東正教等宗教領袖就古蹟維護交換意見。
- 8月5日
  靈鷲山佛教教團接受花蓮縣政府委託於花蓮縣鳳林榮民醫院，為桃芝風災罹難者舉辦頭七祭典。
- 8月22日～29日
  靈鷲山佛教教團於桃園巨蛋體育館啟建「二〇〇一年放送福氣·富貴台灣水陸吉祥大法會」。
- 9月6日
  靈鷲山佛教教團受託於署立台北醫院普仁講堂啟建中元普度法會，為所有病患及醫院員工、志工們誦經祈福。
- 9月8日
  靈鷲山般若文教基金會於台灣大學法律學院國際會議廳舉辦「宗教與生命教育」學術研討會。
- 9月18日
  靈鷲山佛教教團賑助雙溪、貢寮鄉納利風災災民。
- 9月21日～30日
  靈鷲山無生道場舉辦內眾精進禪十。
- 9月22日
  天主教梵諦岡教廷邁克主教（Bishop Michael Louis Fitzgerald）等在馬天賜神父陪同下來山參訪。（圖①）
- 10月4日
  靈鷲山香港佛學會舉行開光大典，心道師父親臨主持「大悲觀音灌頂法會」及「法華法會」。

①

- 10月5日

  心道師父生日淨行月，靈鷲山佛教教團舉辦「玉山頌——愛與和平祈福晚會」。
- 10月13日

  靈鷲山聖山寺啟建秋季祭典。
- 10月16日～21日

  靈鷲山台北講堂舉辦「梁皇寶懺法會」。
- 10月19日

  靈鷲山樹林中心升格講堂，啟建「玉佛開光安座大典暨大悲觀音灌頂法會」。
- 10月28日～11月9日

  世界宗教博物館發展基金會於台北、宜蘭、高雄、桃園等四地舉辦「福氣大放送——為世界愛與和平宣言大會」開館造勢活動。（圖①：「福氣大放送」活動（台北場）——師父敲和平鐘。）
- 11月

  靈鷲山佛教教團官方網站改版，網址：www.093.org.tw。
- 11月9日～11日

  世界宗教博物館開館揭幕，靈鷲山佛教教團舉辦「啟用獻供大典」、「宗教和諧日祈福大會」、「全球聖蹟維護國際會議——宗教·博物館·世界和平」等活動；宗教和諧日祈福大會中，與會世界各宗教代表在心道師父領銜下，共同簽署「世界和諧日」宣言。
- 11月18日

  美國長島大學學生參訪世界宗教博物館，並拜會心道師父。
- 11月25日

  靈鷲山台南中心與台南市政府合作舉辦「關懷府城——歲末送暖園遊會」，關懷低收入家庭。
- 12月7日

  知名人權作家柏楊先生偕同行政院文化建設委員會主任委員申學庸等文化界人士參訪世界宗教博物館，並與心道師父晤談。
- 12月9日

  靈鷲山佛教教團於樹林中心啟建「二〇〇二年水陸法會先修消災普佛暨三時繫念法會」。
- 12月16日～25日

  藏傳佛教寧瑪噶陀派毘盧仁波切來山傳法。
- 12月23日～29日

  靈鷲山無生道場舉辦內眾精進禪七。
- 12月29日

  世界宗教青年聯盟於中和市四號公園舉辦「天堂·野台·咱的歌——愛與和平祈福晚會」。

①

🐦 2002年

- 1月
  靈鷲山佛教教團於全台各地講堂舉辦「歲末觀音薈供祈福法會」，心道師父親臨開示。
- 1月1日～2月3日
  藏傳佛教寧瑪派毘盧仁波切來山傳法。
- 1月3日
  靈鷲山無生道場於全山安裝十七座時輪金剛座牌，護持道場安定。（圖①）
- 1月3日～4日
  泰國御封華宗大尊長仁德上師參訪世界宗教博物館及靈鷲山無生道場，並與心道師父晤談。
- 1月9日
  靈鷲山佛教教團於聖山寺舉辦「寒冬溫暖送溫情——冬令救濟及義診活動」。
- 1月18日
  靈鷲山佛教教團於世界宗教博物館舉辦「二〇〇二年榮譽董事聯誼會」。
- 1月21日～27日
  靈鷲山新莊講堂舉辦「梁皇寶懺法會」。
- 1月31日～2月2日
  世界宗教博物館應「賽巴巴基金會（Sai Foundation）」邀請，出席「透過信仰與無私服務，促進世界和平」國際會議。
- 2月
  靈鷲山佛教教團舉辦第一屆「宗教文學獎」徵文。
- 2月
  靈鷲山佛教教團舉辦九場「世紀宗教對談」系列講座。
- 2月3日
  世界宗教博物館舉辦全年性「文化行腳」系列講座，推廣宗教、藝術、生活等生命教育講座。
- 2月1日～2日
  世界宗教博物館舉辦「博物館文化論壇」活動。
- 2月1日～6日
  靈鷲山無生道場舉辦「二〇〇二年靈鷲山自由空間冬季青年禪修精進營」。
- 2月5日～24日
  世界宗教博物館推出「新年特展」。
- 2月14日～16日
  靈鷲山無生道場啟建新春迎財神法會。
- 2月16日
  泰國前副總理參隆·斯里曼（Chamlong Srimuang），由泰國「善地阿索」僧團及台灣妙空寺嚴定法師等陪同，參訪世界宗教博物館。
- 2月19日～21日
  心道師父展開香港弘法之行。

①

- 2月19日～24日
  靈鷲山佛教教團首次參與台北國際書展，向社會大眾介紹靈鷲山自然、生活化的宗風與願景。
- 2月20日～24日
  靈鷲山桃園講堂舉辦「新春寶懺梁皇暨浴財神法會」。
- 3月
  世界宗教博物館「兒童探索區」開幕。
- 3月2日
  世界宗教博物館聘請漢寶德先生為首任館長。（圖①）
- 3月6日～16日
  心道師父展開「愛與和平美國行」，進行參訪、交流、弘法活動，並出席第一場「回佛對談」。期間，於紐約Opening Center舉辦「911日祈福與心靈禪修」，並至聖保羅教堂為911日事件罹難者祈福；隨後前往科羅拉多舉辦「佛教與日常生活」講座。
- 3月7日
  世界宗教博物館發展基金會於紐約哥倫比亞大學舉辦第一場「回佛對談——找到共識‧共謀和平」。
- 3月16日
  靈鷲山聖山寺啟建春季祭典。
- 3月17日
  靈鷲山佛教教團於北縣新莊國小啟建「二〇〇二年度水陸法會先修懷恩孝親地藏法會」。
- 3月18日
  心道師父率弟子至中台山頂禮「佛指舍利」，並拜會惟覺老和尚。（圖②）
- 3月23日
  藏傳佛教薩迦派薩迦法王參訪世界宗教博物館並為眾開示「佛教與人生」。

①

②

- 3月23日
  藏傳佛教格魯派上密院住持羅桑滇津仁波切來山參訪。（圖①）
- 3月23日
  泰國猜育法師一行二度行腳來山參訪。
- 3月23日～24日
  靈鷲山護法會於南投溪頭舉行「二〇〇二年護法會幹部春季營」。
- 3月26日
  藏傳佛教薩迦法王及法王子來山參訪並開示「遠離四種執著修心法要」。
  （圖②）

- 3月31日
  靈鷲山基隆講堂於基隆市民活動中心舉辦「清明懷恩大法會」。
- 4月8日
  心道師父獲寧瑪派噶陀傳承持有者莫札法王認證「虹光身成就者──確吉多傑」，法王特委毘盧仁波切主持陞座大典。
- 4月11日
  世界佛教僧伽會一行人眾在華僧會會長淨心長老率領下參訪世界宗教博物館，並與心道師父晤談。
  （圖③）

①

- 4月12日
  世界宗教博物館舉辦第一期「導覽宗博種籽研習營」。
- 4月13日
  靈鷲山護法會於世界宗教博物館展示大廳舉辦「二〇〇二年靈鷲山護法會授證大會」。
- 4月16日～25日
  心道師父展開印尼、泰國弘法之行，期間為靈鷲山印尼雅加達中心啟建灑淨儀式，並分別拜會印尼大叢山慧雄法師及泰國普門報恩寺仁德上師。
- 4月22日
  靈鷲山聖山寺啟建「二〇〇二年東北角春之祭超度祈福法會」。

②

③

- 4月26日

  靈鷲山豐原中心舉行開光大典，心道師父親臨主持灑淨開光儀式。

- 4月28日

  靈鷲山桃園講堂於桃園福祿貝爾活動營舉辦「靈鷲山親子營」活動。

- 4月28日

  靈鷲山樹林中心於樹林火車站後站廣場舉辦「樹林中學失業家庭午餐費園遊會」，關懷低收入家庭學童營養午餐問題。

- 5月5日

  靈鷲山佛教教團於台北市龍山國中啟建「二○○二年水陸法會先修母親節孝親祈福暨三大士焰口法會」。

- 5月6日～13日

  心道師父前往馬來西亞參訪，除參與第二場「回佛對談」，並拜會「認識伊斯蘭馬來西亞協會（IKIM）」、伊斯蘭青年組織以及馬來西亞文化協會等組織。

- 5月11日

  世界宗教博物館於馬來西亞吉隆坡舉行第二場「回佛對談——立足亞洲‧放眼天下：全球化運動在亞洲」。

- 5月12日

  靈鷲山無生道場舉辦內眾精進禪七。

- 5月15日

  心道師父以世界宗教博物館創辦人、全球聖蹟保護委員會發起人身份，在香港宣布捐助重建阿富汗巴米揚（Bamiyan）大佛。（圖①：香港「阿富汗巴米揚大佛重建基金籌募會」，師父代表信眾率先捐出一百萬港幣（左為巴瓦）。）

- 5月19日～26日

  心道師父率團展開「北京、黃山、九華山朝聖之旅」，期間受邀至北京中國佛學院發表「新世紀的宗教」演講。

- 5月19日

  靈鷲山無生道場慶祝「浴佛節」，舉辦「念佛祈願」、「頂禮佛足」、「滿願樹」等活動。

- 5月22日～26日

  靈鷲山台北講堂舉辦「梁皇寶懺法會暨三大士焰口法會」。

- 5月26日

  靈鷲山聖山寺於貢寮慧昭廟舉行「社區關懷活動」。

- 6月

  世界宗教博物館開辦「心靈花園」系列課程。

- 6月

  靈鷲山佛教教團於美國紐約註冊成立國際非營利組織「愛與和平地球家（Global Family for Love and Peace, GFLP）」，以推動宗教對話與交流。

①

- 6月8日～13日
  緬甸阿魯多比尊者來山參訪並傳法。
- 6月12日～14日
  心道師父受邀前往泰國佛統省佛教中心參加世界宗教領袖會議。（圖①）
- 6月13日～23日
  世界宗教青年聯盟舉辦「青年大使美國參訪之旅」。
- 6月16日～23日
  靈鷲山佛教教團舉辦「五台山、峨嵋山朝聖」活動。
- 6月20日
  靈鷲山嘉義中心舉行開光典禮暨觀音祈福法會。
- 6月26日～29日
  尼加拉瓜文化局局長Napoleon H. Chow在新聞局官員陪同下參訪世界宗教博物館及無生道場。
- 6月28日
  美國法雲佛學院院長妙境長老來山參訪，並為僧眾授課。
- 6月29日
  靈鷲山佛教教團於基隆海洋大學舉辦「親子禪」，心道師父親臨傳法。
- 6月30日
  靈鷲山無生道場開山十九周年慶，舉辦朝山及「二○○二年水陸法會先修彌陀度亡法會」等活動。
- 7月6日
  靈鷲山佛教教團於台北市長官邸藝文沙龍舉辦第一屆「新世紀宗教文學獎」頒獎典禮。
- 7月6日～10月6日
  世界宗教博物館推出「秘境寶藏——達賴喇嘛珍藏文物展」特展，邀請藏傳佛教格魯派哲蚌寺洛色林僧院強巴仁波切和渣西格西等七位喇嘛於會場製作「阿彌陀佛沙壇城」。
  （圖②）

①

- 7月7日
  香港見能法師來山參訪。
- 7月8日
  藏傳佛教格魯派哲蚌寺洛色林僧院強巴仁波切等一行來山參訪並傳法。
- 7月16日
  靈鷲山無生道場舉行「安土地龍神法會」。

②

- 7月22日

  靈鷲山護法會於土城舉行「與師有約──E世紀新普度觀」活動。
- 7月25日

  藏傳佛教丹津跋摩法師（Tenzin Palmo）來山參訪，並與心道師父對女性學佛等議題交流會談。
- 7月27日

  靈鷲山永和講堂舉行開光灑淨儀式，心道師父親臨開示。（圖①）
- 7月29日～30日

  世界宗教博物館於印尼雅加達主辦第三場「回佛對談──靈性全球化」以及「千禧年青年宗教交流對談」，心道師父親臨座談。
- 8月

  靈鷲山佛教教團開辦「慧命成長學院」，第一期開始招生。
- 8月2日

  印度拉達克區摩訶菩提寺法師來山參訪。
- 8月4日

  世界宗教博物館邀請達賴喇嘛西藏宗教基金會佛學教授強巴嘉措格西來館講述「西藏佛法簡介」。
- 8月4日

  法國「愛馬仕（Herme's）」副總裁來山參訪，並與心道師父晤談宗教交流心得。
- 8月5日～8日

  藏傳佛教格魯派哲蚌寺洛色林僧院強巴仁波切一行來山參訪並修持「時輪金剛」法。
- 8月8日

  靈鷲山佛教教團至基隆外海舉行「二○○二水陸法會放生儀式」，回應環保與生態的全球議題。
- 8月10日

  世界宗教博物館發展基金會假政治大學行政大樓舉辦「多元宗教與生命教育」座談會。
- 8月14日～21日

  靈鷲山佛教教團於桃園巨蛋體育館啟建「二○○二年富貴寶島‧平安大普度──水陸空吉祥大法會」。
- 8月14日

  中國安徽省妙安長老一行來山參訪。

①

- 8月24日
  靈鷲山永和講堂與台北縣永和捷和社區、東家創世紀社區聯合舉辦「壬午年慶
  讚中元普度」，走入社區，以佛法為居民禳災、祈福。

- 8月26日
  世界宗教博物館發展基金會與台灣綜合研究院共同主辦「非營利組織經營管理
  及財務規劃──以世界宗教博物館為例」研討會。

- 9月
  靈鷲山佛教教團與台中縣政府於台中東勢合辦為期一個月的「『九二一』三周
  年紀念系列活動」。

- 9月
  靈鷲山佛教教團與台中縣政府合作舉辦「希望家庭徵文」活動，之後結集出版
  「921日我們一同走過──希望家庭影像展專輯」。

- 9月1日～7日
  靈鷲山無生道場舉辦內眾精進禪七。

- 9月4日
  馬天賜神父與亞洲教會普世合一研討會（ Joint Ecumenical Formation）一行來
  山參訪。

- 9月8日～19日
  心道師父以非營利組織「愛與和平地球家（GFLP）」之創辦人身份，受邀參
  加聯合國紐約總部召開的第五十五屆非政府組織（ Non-Government
  Organization, NGO） 年會。

- 9月19日
  靈鷲山慧命成長學院第一期開課。

- 9月20日～21日
  靈鷲山佛教教團與台中縣政府於台中縣東勢鎮河濱公園合辦「九二一三周年系
  列活動」，舉辦「牽手希望進行曲」及「平安祈福──為台灣守夜」活動。

- 9月21日
  靈鷲山佛教基金會捐贈善款及教團出版之生活知識叢書予南投國姓鄉育樂國小
  圖書館，並呼籲各界踴躍捐書給偏遠地區學校。

- 9月28日
  靈鷲山聖山寺啟建秋季祭典。

- 9月28日～29日
  靈鷲山護法會於新竹九華山莊舉辦「靈鷲山幹部秋季營」。

- 10月
  靈鷲山新莊中港中心開辦
  「歡喜小菩薩班」，義務輔
  導新莊地區單親及弱勢家庭
  兒童。（圖①）

- 10月2日
  中國浙江省社會科學院院長
  萬斌先生一行來山參訪。

①

- 10月5日～6日
心道師父五十五歲生日，靈鷲山無生道場啟建「大齋天祈福法會」。

- 10月11日
靈鷲山佛教教團於全台各地推廣「9日3斷食之愛——平安禪」週五視訊共修平安禪活動。

- 10月12日
靈鷲山般若文教基金會於台灣大學法學院國際會議廳舉辦「社會變遷與生命教育學術研討會」。

- 10月13日
靈鷲山無生道場舉辦心道師父五十五歲壽辰慶祝活動。

- 10月20日～28日
心道師父率弟子前往緬甸朝聖暨首場「供萬僧」，期間於仰光大金塔旁舉行「靈鷲山緬甸禪修中心」動土儀式。

- 11月1日～7日
靈鷲山無生道場舉辦「在家五戒暨菩薩戒傳戒會」，是寶華山戒法首次在無生道場傳承，邀請戒德長老為得戒和尚。

- 11月2日
靈鷲山香港佛學會舉辦「平安禪——石澳聽潮音」活動，由心道師父帶領弟子禪修。

- 11月6日
中國四川大學姜曉萍教授及宗教文化研究所及公共管理學院學生等一行來山參訪。

- 11月9日
世界宗教博物館開館一周年慶，舉辦「十年感恩回顧展」及「世界宗教和諧日祈福大會暨館慶晚會」等活動。（圖①）

- 11月10日
世界宗教青年聯盟於世界宗教博物館舉行「全球思考、在地行動：打造青年理想家」台灣青年高峰會。

- 11月12日
心道師父因長期推展生命教育及創建世界宗教博物館，獲教育部頒獎表揚。

- 11月16日
藏傳佛教寧瑪派盈定堪布來山參訪。

- 11月17日
靈鷲山佛教教團於基隆市仁愛國小啟建「二○○三年水陸法會先修藥師法會暨三時繫念」。

- 11月19日
藏傳佛教薩迦派南印度稱都寺（大悲法輪寺）住持蔣揚貢噶仁波切來山參訪。

- 12月3日～2003年1月14日
藏傳佛教寧瑪派毘盧仁波切來山傳授「大寶伏藏」。

①

☉ 2003年

- 1月
  靈鷲山佛教教團與政治大學社會科學院合辦「宗教性非政府組織人員培訓課程」。

- 1月1日
  藏傳佛教登巴喇嘛來山參訪，並與心道師父晤談。

- 1月12日
  靈鷲山佛教教團於永和講堂啟建「二〇〇三年水陸法會先修新春祈福觀音法會」。

- 1月14日～21日
  心道師父應邀前往南印度班格羅（Bangalore）參加「生活的藝術基金會（Art of Living Foundation）」總部禪修中心落成典禮及「靈性復興與人類價值觀」國際會議。

- 1月15日
  藏傳佛教格魯派色拉寺日嘉格西來山參訪。

- 1月17日
  泰國王室寺廟住持Phra Thepyankaveex尊者等一行人來山參訪。

- 1月19日
  靈鷲山佛教教團於無生道場舉辦「牽阮的手──關愛一起走」歲末關懷活動。

- 1月21日～25日
  靈鷲山無生道場舉辦「二〇〇三年冬季青年平安禪──耳朵裡的禪」。

- 1月21日
  世界宗教博物館之「華嚴世界」開幕。

- 1月29日
  靈鷲山泰國講堂開光法會暨「散播愛的種子──泰北建華高中」善款捐贈儀式，心道師父親臨主持。（圖①）

- 2月
  靈鷲山般若文教基金會「智慧田」有聲雜誌停刊。

- 2月1日～5日
  靈鷲山無生道場啟建第十年「新春迎財神法會」。

- 2月4日～8日
  靈鷲山桃園講堂舉辦「新春梁皇法會暨浴財神法會」。

- 2月6日～9日
  世界宗教博物館發展基金會於崎頂海濱生態村舉辦「啟動生命之鑰──第二屆國際宗教青年大使志工培訓營」。

- 2月6日～14日
  靈鷲山新莊中港中心舉辦「梁皇法會」。

- 2月13日
  靈鷲山台北講堂新址舉行開光灑淨典禮暨觀音薈供，心道師父親臨主持。

①

- 2月19日～26日
  心道師父展開美、加弘法之行。
- 2月22日
  靈鷲山無生道場舉辦「安土地龍神」法會，恭請藏傳佛教寧瑪派札珠仁波切來山修法。
- 2月22日
  靈鷲山護法會舉辦「志工幹部訓練營」，邀請專家主講「志工倫理與服務精神」課程。
- 3月1日～6日
  心道師父赴印尼雅加達及萬隆等地弘法，並主持兩場新春財神法會。
- 3月6日～5月4日
  世界宗教博物館推出「認識伊斯蘭──書法藝術展」。
- 3月8日
  靈鷲山護法會於桃園縣復興鄉青年活動中心舉辦「護法會春季幹部訓練營」。
- 3月8日
  靈鷲山慧命成長學院於世界宗教博物館舉辦「歡喜緣生活系列講座」。
- 3月14日～17日
  靈鷲山無生道場舉辦「心靈饗宴──企業禪」。
- 3月16日
  靈鷲山佛教教團於桃園市成功國小啟建「二〇〇三年水陸法會先修地藏法會暨三大士焰口」。
- 3月16日
  靈鷲山樹林中心新址舉行灑淨安座儀式，心道師父親臨主持。（圖①）
- 3月21日～23日
  靈鷲山無生道場舉辦外眾斷食禪三。
- 3月22日
  藏傳佛教格魯派色拉寺拉蔣袞仁波切一行來山參訪。
- 3月22日～23日
  靈鷲山佛教教團與台灣世界展望會於劍潭青年活動中心合辦「新世紀兒童課輔志工培訓營」。
- 3月24日
  靈鷲山無生道場成立「靈山禪鼓隊」。
- 3月27日～4月2日
  靈鷲山無生道場舉辦內眾精進禪七。
- 4月4日～6日
  靈鷲山聖山寺啟建「靈鷲山海陸祭──台灣東北部三路平安超薦祈福法會」。（圖②）

①

②

- 4月11日
  靈鷲山聖山寺啟建春季祭典。
- 4月12日
  靈鷲山佛教教團首次於宜蘭羅東運動公園舉辦「二〇〇三年度護法會委員授證大會暨斷食之愛‧萬人禪修──噶瑪蘭心靈饗宴之夜」。
- 4月23日～27日
  靈鷲山台南中心舉辦「啟建梁皇暨三大士焰口法會」
- 4月28日
  SARS疫情蔓延，心道師父發表致社會關懷信，提倡「合掌不握手，戴口罩最禮貌」運動，以及持誦《楞嚴經》、〈楞嚴咒〉來安定人心，並啟動靈鷲山佛教教團防制SARS疫情工作。
- 4月30日
  靈鷲山佛教教團發行「複製愛心──SARS平安手冊」，從佛法觀點提出防制SARS疫情的因應之道。
- 5月2日
  靈鷲山佛教教團於世界宗教博物館邀請劉述先教授講授「全球倫理與宗教對話」講座，心道師父親蒞現場與會。
- 5月2日
  靈鷲山佛教教團於台北講堂啟建「二〇〇三年水陸法會先修藥師寶懺暨三大士焰口法會」，並回向SARS疫情及早解除。
- 5月5日～7日
  世界宗教博物館發展基金會、「愛與和平地球家（GFLP）」與聯合國教科文組織（UNESCO）共同於法國巴黎UNESCO總部舉辦第四場「回佛對談──全球倫理與善治」國際會議，心道師父於開幕發表演說。
- 5月8日～14日
  因應SARS疫情，靈鷲山無生道場內眾精進禪七改為啟建「靈鷲山護國息災楞嚴法會」。
- 5月9日
  靈鷲山佛教教團於世界宗教博物館召開各宗教聯合防治SARS會議，倡議以宗教團體的立場，提供社會安定的力量。
- 5月10日～12日
  心道師父參訪美國科羅拉多州霍皮族（Hopi）聖地。
- 5月16日
  因應SARS疫情，靈鷲山佛教教團錄製心道師父開示法語公益廣告短片，安定社會人心。
- 5月19日
  世界宗教博物館舉辦美國博物館協會（AMM）年會──「宗教與博物館」討論會。
- 5月25日～6月16日
  靈鷲山佛教教團依循古制啟建「護國息災抗SARS楞嚴大法會」。
- 6月15日
  靈鷲山無生道場舉辦開山二十周年慶活動。

- 6月19日
  心道師父赴泰國參加「成功佛」鑄佛大典，與泰國僧王共同主持金佛頂髻鎔鑄儀式。（圖①：「成功佛鑄佛大典」期間，師父參訪僧王寺眾人合影。）
- 6月21日～22日
  靈鷲山佛教教團於無生道場舉辦「生命關懷幹部研討會」。
- 6月21日
  靈鷲山護法會聯合北市、北縣B區、桃園、台中等區會於台北講堂舉辦「慈悲三昧水懺法會」。
- 6月22日～27日
  藏傳佛教薩迦派白雅仁波切來山傳法。
- 7月18日～20日
  靈鷲山無生道場舉辦外眾斷食禪三。
- 7月19日
  世界宗教博物館推出「虛擬聖境──世界宗教建築縮影」特展。（圖②③）

①

- 7月19日～10月11日
  世界宗教博物館於誠品書店敦南分店舉辦十二場「神的國度──宗教文明與藝術的聖境之旅」系列講座。
- 7月27日～8月2日
  心道師父應邀參加泰國清邁帕椏大學（Payap University）所舉辦之「宗教與全球化」國際學術研討會，並發表演說。
- 7月28日～30日
  藏傳佛教拉卜楞寺日嘉仁波切來山傳法。
- 7月28日～8月2日
  美國芝加哥「世界宗教會議（CPWR）」Travis Rejman先生與Diana Goldin女士，參訪無生道場與世界宗教博物館。

②

- 7月30日～8月3日
  靈鷲山無生道場舉辦第一屆「佛門青年探索營」。

③

- 8月6日～13日
  靈鷲山佛教教團於桃園巨蛋體育館啟建「二〇〇三年十年水陸‧萬世慈悲」水陸大法會」，恭迎「成功佛」至法會現場供信眾頂禮、祈福。
- 8月8日
  泰國僧王寺住持探兆坤（Tan Chow Khun）、秘書探帕坤（Tan Pra Khun）及探阿尼拉曼博士（Tan Dr. Ani La Marn）等一行參觀世界宗教博物館。
- 8月14日
  靈鷲山佛教基金會及世界宗教博物館發展基金會獲內政部二〇〇二年度寺廟教會捐資興辦公益慈善及社會教化事業績優表揚大會頒獎表揚。
- 8月15日～17日
  靈鷲山無生道場舉辦外眾斷食禪三。
- 8月19日～23日
  靈鷲山無生道場舉辦「二〇〇三夏季青年平安禪——耳朵裡的禪」。
- 9月
  靈鷲山社會福利慈善事業基金會與世界宗教青年聯盟合作輔導之「兒童生命教育方案——歡喜小菩薩班」榮獲行政院青輔會「國際青年志工GYSD績優團隊」頒獎表揚。
- 9月
  心道師父率徒眾朝禮印尼爪哇中部佛教婆羅浮屠聖地。
- 9月3日～5日
  靈鷲山社會福利慈善事業基金會於無生道場舉辦「兒童生命教育志工培訓營」。
- 9月4日～10日
  心道師父率團赴美弘法，以「愛與和平地球家（GFLP）」創辦人身份受邀參加聯合國於紐約總部召開的第五十六屆NGO年會，發表「宗教對談對和平的貢獻」演講。
- 9月6日
  世界宗教青年聯盟舉辦「和平月‧探索心‧平安情」，響應「愛與和平地球家（GFLP）」跨宗教對話週活動。
- 9月10日～16日
  靈鷲山無生道場舉辦「寶華山在家五戒暨菩薩戒」傳戒會，恭請戒德老和尚、守成長老、寬裕長老等為主戒和尚。
- 9月16日
  靈鷲山無生道場開辦「三乘佛學院」，舉行成立暨開學典禮，培育融合、傳承三乘的弘法人才。
- 9月26日～28日
  靈鷲山無生道場舉辦外眾斷食禪三。
- 9月30日～10月2日
  心道師父赴泰國祝賀泰國僧王智護尊者九十華誕，並受邀參觀僧王紀念館、僧王寺與寺內本屬大學。（圖①）

①

- 10月4日
  心道師父生日，靈鷲山無生道場舉辦「慈悲淨行日」淨山活動。
- 10月17日～18日
  靈鷲山佛教教團於台南麻豆國小啟建「靈鷲山關懷鄉親普施活動——慈悲普度地藏法會暨施食燄口法會」。
- 10月19日
  靈鷲山佛教教團於基隆市仁愛國小啟建「二〇〇四年水陸法會先修藥師法會暨瑜珈施食」。
- 10月20日
  印度駐台代表顧凱傑（Vijay Gokhale）夫婦來山參訪。
- 10月22日
  藏傳佛教噶舉派賈謙仁波切來山參訪。（圖①）
- 10月22日～26日
  靈鷲山永和講堂舉辦「梁皇寶懺法會」。
- 10月24日～26日
  靈鷲山無生道場舉辦外眾斷食禪三。
- 11月5日
  心道師父赴花蓮弘法，並拜會布農部落白光勝牧師，分享對心靈與自然的看法、體驗。
- 11月9日
  世界宗教博物館二周年慶，舉辦「世界宗教和諧日」暨「繁華舊夢中和庄——中永和的歷史記憶展」等系列活動。（圖②）
- 11月12日～16日
  靈鷲山台北講堂舉辦「梁皇寶懺法會」。
- 11月16日
  靈鷲山護法會舉辦「委員成長精進營」。
- 11月21日～23日
  靈鷲山無生道場舉辦外眾斷食禪三。
- 11月22日
  靈鷲山社會福利慈善事業基金會於世界宗教博物館區舉辦「小太陽生活成長營志工大會師暨成果彙編」。

①

②

- 12月1日～8日
  心道師父率徒眾前往緬甸朝聖與「供萬僧」。（圖①）
- 12月7日～10日
  心道師父以世界宗教博物館創辦人身份應邀出席於印度德里舉辦的「邁向和諧與和平文化（Towards a Culture of Harmony and Peace）」國際宗教領袖高峰會。（圖②）
- 12月9日
  天主教李宣德神父等一行來山參訪。
- 12月14日～17日
  心道師父以佛教召集人身份應邀赴西班牙塞維亞市（Sevilie）參加以利亞宗教交流學院（Elijah Interfaith Academy）舉辦的「從敵意到善意」國際宗教領袖會議。
- 12月14日～21日
  靈鷲山新莊講堂舉辦「梁皇寶懺法會」。
- 12月26日～28日
  靈鷲山無生道場舉辦外眾斷食禪三。

①

②

② **2004年**

- 1月
靈鷲山佛教教團於台北舉辦「守望台灣・光明地球」點燈祈福活動。

- 1月4日
靈鷲山社會福利慈善事業基金會舉辦貢寮鄉「送溫暖・獻愛心——關懷獨居老
人歲末聯誼活動」。

- 1月6日～7日
宏都拉斯駐台大使畢耶菈（Marlene Villela-Talbott）女士一行參訪世界宗教博
物館與無生道場。

- 1月11日
靈鷲山佛教教團於永和講堂舉辦「迎春納福音樂饗宴」榮譽董事聯誼會。

- 1月22日～2月5日
靈鷲山無生道場啟建「萬佛年燈法會」。

- 1月27日～31日
靈鷲山無生道場舉辦「靈鷲山二〇〇四年冬季青年平安禪」。

- 2月
靈鷲山社會福利慈善事業基金會於聖山寺舉辦「送溫暖、獻愛心——關懷獨居
老人聯誼活動」。

- 2月1日～5日
靈鷲山無生道場舉辦二〇〇四年「第二屆大專青年佛門探索營」。

- 2月4日～5日
世界宗教會議理事會黛安・高登（Diane Goldin）女士來山參訪，並參加萬佛
年燈圓滿法會。

- 2月4日～9月30日
世界宗教博物館推出「神氣佛現——山西泥菩薩展」特展。（圖①：山西泥塑
匠師為佛像開眼。）

- 2月7日
靈鷲山護法會於無生道場舉辦「春季幹部訓練營」。

- 2月8日
靈鷲山佛教教團於樹林中心啟建「二〇〇四年水陸法會先修新春觀音祈福暨瑜
珈焰口法會」。

- 2月11日
靈鷲山社會福利慈善事業基金會舉辦的「歡喜小菩薩班——弱勢家庭兒童課後
輔導」，於新莊、中港、樹林、嘉義等地同時開學。

①

- 2月12日
  中國河南松山少林寺住持永信法師帶領「河南佛教少林寺功夫訪問團」參訪世界宗教博物館,並拜會心道師父。(圖①)

- 2月13日～15日
  靈鷲山無生道場舉辦外眾斷食禪三。

- 2月20日～24日
  印度教靈修大師賽德斯巴巴(Sides Baba)來山參訪並拜會心道師父。

- 2月20日～22日
  靈鷲山台北講堂舉辦「大乘妙法蓮華經暨瑜伽焰口法會」。

- 2月22日
  中國福建南普陀寺方丈、閩南佛學院院長聖輝法師帶領「兩岸佛教音樂展演團」偕同佛光山心定法師、滿照法師等一行參訪世界宗教博物館,並與心道師父晤談。

- 2月22日
  靈鷲山社會福利慈善事業基金會參加全國社會福利北區博覽會,於開幕典禮上演出「活力台灣」等表演活動。

- 2月24日～29日
  心道師父應邀前往美國麻省理工學院、耶魯大學等地參訪,傳授平安禪修與演講。

- 2月27日
  日本世界人類和平基金會(The World Peace Prayer Society)田中典弘夫婦來山參訪。

- 3月
  世界宗教博物館舉辦「妙手生華——大家來捏佛手」教育活動,邀請中國山西匠師現場指導學員。

- 3月4日
  靈鷲山佛教教團釋了意法師獲「傑出佛教婦女委員會」頒發「二○○四年世界傑出佛教女性獎」。(圖②)

①

②

- 3月13日～8月29日
  世界宗教博物館與國立傳統藝術中心合辦「兩岸泥塑彩繪佛像藝術傳習計畫」課程。
- 3月13日～14日
  靈鷲山社會福利慈善事業基金會舉辦兩場「全國臨終關懷精進營」。
- 3月14日～20日
  靈鷲山無生道場舉辦內眾精進禪七。
- 3月21日
  靈鷲山佛教教團於永和講堂啟建「二○○四年水陸法會先修地藏暨焰口法會」。
- 3月28日
  靈鷲山台南中心於台南市安和路與北安路口舉辦「十方普度地藏法會」。
- 4月3日～4日
  靈鷲山聖山寺啟建「春季懷恩祭典及東北部海陸鐵三角顯密超薦法會」。
- 4月10日
  靈鷲山佛教教團於宜蘭羅東運動公園舉辦二○○四年委員授證大會暨萬人禪修活動。（圖①）
- 4月14日
  心道師父以「聖者」身份受邀前往印度烏堅（Ujjain）聖城，參與印度「大壺節（Maha Kumbha Mela）」節慶，並出席「洗足」儀式。（圖②）
- 4月17日
  靈鷲山無生道場擴大啟建每月的圓滿施食法會，並更名為「大悲觀音度亡法會」。
- 4月25日～27日
  心道師父應邀前往伊朗德黑蘭參加「摩塔哈里思想國際研討會（World Conference on Motahari's Thought）」，發表「宗教對話如何看待不同宗教者」演說。
- 5月1日～2日
  靈鷲山社會福利慈善事業基金會於北台各地講堂舉辦「全國臨終關懷精進營」。
- 5月2日
  靈鷲山佛教教團於永和講堂、世界宗教博物館特展區、兒童生命教育展展區等，舉行「榮董春季聯誼茶會」，會中發起「兒童生命教育展」籌設計畫。
- 5月3日
  菲律賓宿霧普賢寺住持唯慈法師一行來山參訪。

①

②

- 5月5日
中國浙江省社會科學院研究員陳永革先生在佛光大學劉國威博士陪同下來山參訪。
- 5月6日
苗栗廣行淨寺法師等一行來山參訪。
- 5月9日
靈鷲山社會福利慈善事業基金會於世界宗教博物館舉辦第一屆普仁獎學金頒獎典禮。
- 5月15日～16日
靈鷲山無生道場舉辦浴佛節暨八關齋戒法會。
- 5月19日～28日
心道師父展開東南亞三國四城弘法之行。
- 5月22日～23日
靈鷲山社會福利慈善事業基金會舉辦兩場「全國臨終關懷精進營」。
- 5月29日～7月3日
靈鷲山佛教教團於世界宗教博物館舉辦「生命關懷講座——長者關懷系列」。
- 5月30日
靈鷲山佛教教團於台北市木柵高工啟建「二〇〇四年水陸法會先修八關齋戒暨藥師法會」。
- 5月30日
靈鷲山社會福利慈善事業基金會於台南分院舉辦全國臨終關懷精進營。
- 5月30日～8月21日
世界宗教博物館舉辦八場「兩岸泥塑彩繪佛像藝術傳習計畫專題講座」。
- 6月
靈鷲山「愛與地球和平家（GFLP）」非營利組織於緬甸頒發第一屆「佛國種子獎學金」，幫助緬甸的孤兒、貧童和小沙彌就學。（圖①：師父為緬甸兒童發送「五佛珠」。）

①

- 6月4日
靈鷲山佛教教團應邀赴苗栗南湖國中傳授「九分禪」，讓青少年學生體驗禪的微妙意境。（圖②）
- 6月6日
靈鷲山佛教教團與宏都拉斯大使館於台北樹林市共同舉辦「E世紀複製愛心」園遊會。
- 6月12日～13日
靈鷲山護法會於無生道場舉辦「幹部夏季營」。

②

- 6月14日
  心道師父受邀為金門縣政府舉辦的「兩岸消災祈福超薦水陸大法會」點燈、祈福。
- 6月18日～20日
  靈鷲山無生道場舉辦「雲水禪——斷食禪三」。
- 6月19日～7月11日
  靈鷲山護法會於全國各區講堂舉辦「全國委員精進營」。
- 6月27日
  靈鷲山佛教教團舉辦心道師父修行地尋根朝聖之旅。
- 6月29日～7月3日
  靈鷲山台中講堂舉辦「梁皇寶懺暨施食焰口法會」。
- 7月
  靈鷲山佛教教團於北中南各區講堂舉辦五場「靈鷲山兒童生命教育夏令營」。
- 7月4日～14日
  心道師父率徒眾與世界宗教青年聯盟成員參加於西班牙巴塞隆納舉行的「二〇〇四年世界宗教會議」，並舉辦一場「回佛對談——佛法、阿拉與善治」。
- 7月11日～18日
  靈鷲山無生道場開山二十一周年慶，啟建「楞嚴閉關法會」及「二〇〇四年水陸法會先修度亡法會」等活動。（圖①）
- 7月18日～24日
  靈鷲山無生道場舉辦「雲水禪七」外眾禪修活動。
- 7月20日
  靈鷲山佛教教團獲內政部頒發「二〇〇三年度宗教團體績優獎」表揚。
- 7月27日～31日
  靈鷲山無生道場舉行第三屆大專青年佛門探索營。
- 7月31日
  藏傳佛教格魯派巴里仁波切來山傳法。
- 8月3日～7日
  靈鷲山無生道場舉辦「二〇〇四年夏季青年平安禪」。
- 8月6日
  靈鷲山佛教教團於高雄醫學院附設醫院舉辦「聆聽內在·享受寧靜」平安禪活動，心道師父傳授平安禪。
- 8月18日～25日
  靈鷲山佛教教團於桃園巨蛋體育館啟建二〇〇四年「感動與記憶——水陸空大法會」。
- 8月20日
  中國「第八屆和平小天使訪問團」一行參訪世界宗教博物館。

①

- 8月23日
  天主教聖母同心會總會長Fr. Jozef Lapaw、李宣德神父（Fr. Gabriel Kayeya Lubilanji）、剛果司馬添修士（Rev. S bastien Bakatubia）以及羅達義修士（Rev. Stanislas Lukusa）等一行來山參訪。

- 8月27日
  天主教梵諦岡教廷駐華大使館安博思代辦、耶穌會陳有海神父以及印度籍Jerome Pinto夫婦等一行來山參訪。

- 8月27日
  世界宗教博物館推出「戀戀雙和——中和庄八景」特展。

- 8月27日～9月4日
  靈鷲山佛教教團與中國社會科學院世界宗教研究所於北京聯合舉辦的「全球化進程中的宗教文化與宗教研究」海峽兩岸學術研討會；心道師父發表開幕演說「覺醒的力量：華嚴世界觀與全球化展望」，隨後前往廣州、惠州、東莞、香港等地參訪。

- 8月31日
  天主教王榮和神父偕同印度和台灣修女一行參訪世界宗教博物館及無生道場。

- 9月19日
  靈鷲山聖山寺啟建秋季祭典暨三時繫念法會。

- 9月24日～30日
  靈鷲山無生道場舉辦「二〇〇四年在家五戒暨菩薩戒傳戒會」。

- 10月5日～20日
  靈鷲山護法會於全國各地講堂舉辦「護法會幹部秋季營」。

- 10月5日～9日
  靈鷲山永和講堂舉辦「梁皇寶懺暨瑜伽焰口法會」。

- 10月10日
  靈鷲山無生道場舉辦心道師父生日淨行日活動。

- 10月15日～16日
  世界宗教博物館與溫哥華卑詩大學（University of British Columbia）共同舉辦「佛教聖地的形成與轉化」國際宗教學術研討會，心道師父於開幕式發表「一份傳神的志業：聖地精神的再現與活化」演說，並在閉幕時致詞。（圖①）

- 11月3日
  心道師父應邀於「二〇〇五年年神祕的西藏文化全國巡迴展」開幕典禮中剪綵及致詞。

- 11月6日～12日
  靈鷲山佛教教團與「高登合作與和平協會（Goldin Institute for Partnership and Peace）」共同於台北主辦「二〇〇四年夥伴城市國際會議『靈性與生態永續：水——我們共同的根源』宗教論壇」。

①

- 11月6日～28日

  全球倫理基金會（Global Ethic Foundation）主席孔漢思博士（Hans Ku‧ng）策劃的「全球倫理展」中文版首次在世界宗教博物館展出。

- 11月9日～12月31日

  世界宗教博物館開館周年慶，推出「雙和宗教文史展」。

- 11月10日

  世界宗教博物館發展基金會獲行政院文化建設委員會頒發「文馨獎」金獎表揚。

- 11月14日

  靈鷲山佛教教團於基隆講堂啟建「二○○五年水陸法會先修藥師暨瑜珈焰口法會」。

- 11月17日～21日

  靈鷲山台北講堂舉辦「梁皇寶懺暨瑜伽焰口法會」。

- 11月24日

  靈鷲山佛教教團與聯合報系合作舉辦「第三屆宗教文學獎」頒獎典禮，心道師父親臨主持。

- 11月28日

  靈鷲山護法會於天母國際會議中心舉辦「二○○四年靈鷲山護法會全國志工精進營」。

- 12月1日～2005年1月9日

  藏傳佛教寧瑪噶陀派毘盧仁波切來山傳法。

- 12月4日～14日

  心道師父率徒眾展開緬甸朝聖及「供萬僧」，並應邀參加緬甸「世界佛教大會（The World Buddhist Summit）」。（圖①）

- 12月14日～17日

  靈鷲山佛教教團於台北市立圖書館總館公布「台灣心靈白皮書問卷調查報告」，並舉辦「會診台灣心靈」研討會，心道師父於開幕致詞時，對台灣自殺率升高之社會現象深表憂心。

- 12月18日

  靈鷲山社會福利慈善事業基金會舉辦第二屆普仁獎學金頒獎典禮。

- 12月24日～26日

  靈鷲山無生道場舉辦「雲水禪──斷食禪三」。

- 12月31日

  心道師父透過「斷食之愛──平安禪」全台視訊呼籲社會大眾發揮愛心援助「南亞大海嘯」。

2005年

- 1月1日
  靈鷲山佛教教團號召成立跨宗教的南亞救援行動組織，以「聯合勸募」方式，共同為斯里蘭卡災民搭蓋一千棟可永久居住的房屋。

- 1月10日
  國際青年僧伽會來山參訪。

- 1月16日
  靈鷲山社會福利慈善事業基金會於台北縣明志科技大學舉辦「歲末送暖愛心園遊會」。

- 1月19日
  泰國前外長甲社‧差納翁（Mr. Krasae Chanawongse）來山參訪，邀請心道師父赴泰國啟建「舍利心海法會」，並於坤敬省呵叻大學發表演說。

- 1月20日
  世界宗教博物館推出「愛的森林──尋找奇幻獸」兒童生命教育展。

- 1月22日
  靈鷲山護法會於無生道場舉辦「守護心靈、吉祥團圓──全球委員大團圓之夜」。

- 2月9日～17日
  靈鷲山無生道場舉辦「新春萬佛年燈法會」。（圖①）

- 2月26日
  靈鷲山護法會聯合北台灣各區區會於三重綜合體育館啟建新春觀音薈供法會。

- 2月27日
  靈鷲山佛教教團號召成立的「台灣宗教界南亞賑災聯合勸募」斯里蘭卡第一批愛心屋，於「帕那杜拉（Panadura, Sagara Mw）」完工啟用。

- 3月1日～9日
  心道師父率徒眾赴美弘法，並參訪新墨西哥州印地安保護區。

- 3月6日
  靈鷲山紐約道場於紐約舉辦「佛國種子──愛與和平地球家勸募音樂會」捐贈緬甸救助計劃。（圖②）

- 3月6日～13日
  靈鷲山無生道場舉辦內眾精進禪七。

- 3月17日～18日
  德國敏斯特大學宗教系Annette Wilke與Esther-Maria Guggenmos教授等師生一行參訪世界宗教博物館及靈鷲山無生道場，並與心道師父晤談。

①

②

- 3月20日
  靈鷲山佛教教團於台中特殊教育學校啟建「二○○五年水陸法會先修地藏法會暨瑜珈施食焰口法會」。
- 3月24日～27日
  心道師父展開馬來西亞弘法之行，並主持馬來西亞護法會成立之「千手千眼觀世音菩薩灑淨開光大典」。
- 3月25日～27日
  靈鷲山台北講堂舉辦「妙法蓮華經暨瑜伽焰口法會」。
- 3月26日
  靈鷲山聖山寺舉辦春季祭典──三時繫念法會。（圖①）
- 3月26日
  靈鷲山高屏講堂與屏東東港「東隆宮」首度佛、道共同啟建「清明懷恩地藏法會暨關懷鄉親大普渡」。（圖②：東港「清明懷恩地藏法會」──海域祈福灑淨。）

①

- 4月2日
  心道師父前往緬甸主持臘戌弄曼村土地捐贈儀式。
- 4月9日
  南美宗教研究與文物收藏家Jim Pieper夫婦來山參訪，並與心道師父晤談，雙方就世界宗教大學交換彼此想法。
- 4月11日
  印度靈修大師Swami Sooryapada來山參訪，並邀請心道師父次年參加印度「生活的藝術基金會（Art of Living Foudation）」廿五周年大會。

②

- 4月14日
  靈鷲山高屏講堂結合禪修與音樂於高雄市音樂館舉辦「禪師與音樂」禪修活動，心道師父親臨傳授平安禪。
- 4月23日
  靈鷲山佛教教團於宜蘭羅東運動公園舉辦「二○○五年萬人禪修活動暨護法會幹部委員授證大典」。（圖③）

③

- 4月26日
 蒙古共和國檢察長等一行來山參訪。

- 4月30日～5月1日
 靈鷲山無生道場於每月第三週舉辦「雲水禪修」活動，內容包括禪二、禪三及禪七等。

- 5月1日
 靈鷲山佛教教團於台南分院啟建「二○○五年水陸法會先修藥師懺暨瑜伽焰口法會」。

- 5月2日
 國際道家學術基金會與中華民國道家學術研究會共同舉辦的「第一屆國際道家學術大會」與會人員參訪世界宗教博物館與無生道場，心道師父與之晤談。

- 5月12日
 靈鷲山佛教教團於永和講堂舉辦「星光‧音樂‧禪」音樂饗宴，以及心道師父「別忙著找憂鬱」佛法講座。

- 5月14日
 靈鷲山無生道場舉辦浴佛節活動，心道師父帶領眾人「夜睹『明心』」。

- 5月14日～10月23日
 世界宗教博物館與國立傳統藝術中心合辦「台灣泥塑彩繪藝術傳習計畫」，邀請國寶級雕塑大師吳榮賜先生授課。

- 5月16日～21日
 心道師父偕世界宗教博館漢寶德館長一行參訪敦煌莫高窟與張掖大佛寺，並參拜大佛寺鎮寺之寶《大般若波羅密多經》等佛教經典。（圖①）

- 5月21日～22日
 靈鷲山護法會於無生道場舉辦夏季幹部訓練營暨全國委員授證儀式。

- 5月25日～30日
 心道師父泰國弘法行，於泰國曼谷講堂主持「舍利心海華嚴法會」，並應邀至坤敬省呵叻大學發表「台灣的佛教與原始佛教的異同」演說。

- 6月
 靈鷲山「愛與和平地球家獎學金」於緬甸舉行頒獎儀式。

- 6月
 靈鷲山佛教教團於全國各地舉辦「喜歡生命」講座，關懷國人心靈健康，倡揚「尊重過往生命，珍惜自我生命，善待一切生命」。

- 6月12日
 靈鷲山佛教基金會與聯合報系於無生道場共同舉辦「宗教文學創作經驗談」座談會。

①

- 6月19日
靈鷲山無生道場開山廿三周年慶，舉辦朝山、觀音道場舍利塔裝臟及啟建「二〇〇五年水陸法會先修度亡法會」等活動。（圖①）
- 6月22日
靈鷲山新莊講堂於新莊頭前國小舉辦「喜歡生命──心道師父佛學講座」。
- 6月23日～30日
靈鷲山佛教教團舉辦斯里蘭卡朝聖之旅，見證愛心屋落成啟用典禮，並舉辦水陸法會放生、供千僧等活動。
- 6月25日
靈鷲山佛教教團與台灣九大宗教團體代表一行於斯里蘭卡東南海岸舉辦「台灣宗教界南亞賑災聯合勸募」愛心屋啟用儀式。（圖②）
- 6月25日
心道師父榮獲斯里蘭卡國家最高佛教榮譽「修行弘法貢獻卓越獎」，由斯里蘭卡總統摩新達（Mahinda Rajapaksa）頒贈國家佛教最高榮譽法扇。
- 6月26日
靈鷲山佛教教團於福隆青年活動中心舉辦「關懷老人聯誼活動」。
- 7月6日～10日
靈鷲山無生道場舉辦「二〇〇五年靈鷲山第四屆大專青年佛門探索營」。
- 7月6日
靈鷲山台中講堂於台中豐樂雕塑公園舉辦「喜歡生命系列講座──憂鬱門都沒有，湖光・音樂・禪」，心道師父蒞臨開示。
- 7月7日
靈鷲山樹林中心於台北縣樹林文林國小舉辦「喜歡生命講座──向憂鬱、恐慌、躁鬱症說bye bye」佛學座談，心道師父親臨主持。
- 7月10日～13日
靈鷲山無生道場舉辦「第二屆兒童生命教育夏令營」。
- 7月13日
靈鷲山永和講堂舉辦「喜歡生命──心道師父佛學講座」。
- 7月23日
靈鷲山台南分院舉辦「喜歡生命系列講座──喜歡生命・禪與音樂」心道師父佛學講座。
- 7月26日
靈鷲山佛教教團與高雄醫學院附設醫院共同舉辦「喜歡生命・善待生命」、心道師父佛學講座及「揭開憂鬱神秘面紗」座談。

①

②

- 7月27日
  靈鷲山「聖山寺水陸道場重建工程」啟建安土地龍神法會暨開工儀式。
- 7月29日～２００６年2月10日
  世界宗教博物館推出「趨吉避邪──民間文物展」特展。（圖①）
- 8月3日～12日
  靈鷲山佛教教團與桃園縣政府共同於縣府大樓舉辦「喜歡生命志工臉譜」攝影展。
- 8月6日
  心道師父榮獲印度推動宗教交流的伊斯蘭組織「宗教交流和諧基金會（Inter Faith Harmony Foundation ）」頒贈「穆提拉尼赫魯和平包容和諧獎（Pt. Motilal Nehru National Award for Peace, Tolerance and Harmony ）」。
- 8月10日～17日
  靈鷲山佛教教團於桃園巨蛋體育館啟建「二○○五年喜歡生命・善待生命水陸空大法會」。（圖②）
- 8月11日
  斯里蘭卡國會議員索比塔 （ Ven. Omalpe Sobhita Thero ）長老與兩位「斯里摩訶菩提廟（Sri Maha Bodhi Temple ）」高僧，護送兩株斯里摩訶菩提樹苗（Sri Maha Bodhi Tree ）來台，致贈靈鷲山佛教教團。
- 8月21日
  靈鷲山無生道場舉辦「摩訶菩提樹」聖植大典。
- 8月30日
  靈鷲山佛教教團、世界宗教博物館發展基金會及無生道場共同獲得內政部「二○○四年度寺廟教會捐資興辦公益慈善及社會教化事業獎」表揚。
- 9月3日
  靈鷲山永和講堂舉辦「水陸願力委員授證聯誼會」。
- 9月7日～15日
  心道師父受邀赴中國北京訪問及講學，並於北京大學發表「從本地風光到華嚴世界──談靈鷲山教團文化理念與國際發展」演講。
- 9月15日
  靈鷲山佛教教團與國立政治大學國際事務學院合作設立「宗教發展與國際和平研究」碩士學分班在政治大學開課。
- 9月18日～24日
  靈鷲山無生道場舉辦內眾精進禪七。
- 9月25日
  靈鷲山護法會舉辦「秋季幹部訓練營」。

①

②

- 9月26日～29日
  心道師父展開香港弘法行，此行並成立「香港榮董聯誼會」。
- 10月
  世界宗教博物館「兒童生命教育館」完成軟硬體建設，作為獻給心道師父生日的賀禮。
- 10月3日
  靈鷲山三乘佛學院舉辦第一屆初修部畢業典禮，由心道師父主持。
- 10月8日～10日
  心道師父生日暨靈鷲山教團淨行月，舉辦《寶篋印陀羅尼經》共修法會、多羅觀音道場裝臟儀式、朝山以及「緣起成佛──聖山建設首部展」等活動。
- 10月14日～19日
  心道師父展開印尼弘法之行，並於當地啟建圓滿施食法會。
- 10月26日
  靈鷲山台東中心於台東市寶町藝術中心舉辦「喜歡生命心道師父佛學講座」。
- 10月27日
  靈鷲山花蓮共修處於花蓮市中華國小舉辦「生命覺醒」心道師父佛學講座。
- 10月29日
  靈鷲山聖山寺啟建秋季祭典暨三大士施食焰口法會。
- 11月3日～11日
  心道師父以世界宗教博物館創辦人身份應邀前往瑞士參加「神秘主義與和平」國際會議；隨後，前往摩洛哥參加世界宗教博物館發展基金會與以利亞宗教交流協會、The Guerrand-Hermes Foundation for Peace聯合舉辦的「回佛對談──宗教與社會」。
- 11月6日
  靈鷲山無生道場舉行十一面觀音裝臟法會。
- 11月9日
  世界宗教博物館開館館慶月，舉辦「喜歡生命」講座、「舞自天上來」、「以利亞世界宗教領袖國際會議」等一系列活動。
- 11月12日
  靈鷲山高屏講堂於高雄市前鎮國小舉辦「親子禪」。
- 11月14日～20日
  靈鷲山無生道場舉辦短期出家淨戒會。
- 11月16日
  靈鷲山無生道場舉辦多羅觀音道場舍利塔裝臟法會。
- 11月17日
  靈鷲山佛教教團與台北市龍山寺於龍山寺板橋文化廣場舉辦「喜歡生命」心道師父佛學講座。
- 11月18日
  靈鷲山基隆講堂於基隆市立文化中心舉辦「喜歡看生命」心道師父佛學講座。
- 11月20日～12月4日
  世界宗教博物館與國立傳統藝術中心合作開辦的「台灣泥塑彩繪傳習計畫」推出「土木變化無雙」成果展。
- 11月26日
  靈鷲山高屏講堂於高雄中山大學舉辦「元氣禪」，心道師父蒞臨傳授平安禪。

- 11月27日
  靈鷲山佛教教團於三重修德國小啟建「二○○六年水陸法會先修八關齋戒暨三時繫念法會」。

- 11月27日
  斯里蘭卡國家佛牙守護者（Diyawadana Nilame）尼南迦（Pradeep Nilanga Dela Bandara）來台參訪世界宗教博物館，並參加於無生道場舉辦的「第二屆以利亞國際宗教領袖會議」。（圖①）

- 11月28日～12月1日
  世界宗教博物館發展基金會與以利亞宗教交流協會（The Elijah Interfaith Institute）共同於靈鷲山無生道場舉辦「第二屆以利亞國際宗教領袖會議」。

- 12月1日
  世界宗教博物館發展基金會與「愛與和平地球家」於世界宗教博物館共同主辦「關懷青少年——生命論壇」。

- 12月3日
  靈鷲山佛教教團於宜蘭礁溪寂光寺舉辦「溯源尋根——藥師法會」暨「靈鷲山文史攝影展」。

- 12月3日
  靈鷲山佛教教團與聯合報系合辦「第四屆宗教文學獎」舉行頒獎。

①

- 12月11日～13日
  心道師父以世界宗教博物館創辦人身份應邀參加於西班牙畢爾包（Bilbao）舉辦的「面對一個渴望和平的世界的新挑戰」國際宗教會議，並發表「相互依存的時代中文化與宗教互動的威脅與契機」演講。（圖②）

- 12月18日
  靈鷲山台南分院於台南大東夜市舉辦「愛在鳳凰城園遊會」歲末送暖活動。（圖③）

②

- 12月25日～2006年1月4日
  靈鷲山無生道場舉辦內眾精進禪十。

- 12月28日
  「香港循道衛理聯合教會學校教育部優質生命教育發展計畫——台灣生命教育觀摩學習團」一行參訪世界宗教博物館。

- 12月29日
  靈鷲山佛教教團舉辦「二○○五年台灣心靈白皮書」調查分析及專家座談會。

③

2006年

- 1月
靈鷲山護法會發起全年「西方快列」、「大悲寰宇」、「護關使者」、「朝山」等活動，護持心道師父閉關順利、圓滿，靈鷲山弟子精進學佛。

- 1月9日～16日
心道師父率靈鷲山朝聖團朝禮緬甸、新加坡、馬來西亞等國聖地，並於緬甸舉辦「供僧」。（圖①）

- 1月28日～2月4日
靈鷲山無生道場於新春期間舉辦「萬佛年燈迎新年暨財寶天王法會」，並展出佛陀舍利。

- 2月3日～10日
心道師父率靈鷲山朝聖團朝禮印度、尼泊爾佛教聖地，並拜會西藏精神領袖達賴喇嘛，交換弘法及宗教交流心得。（圖②）

- 2月7日～11日
靈鷲山無生道場舉辦「翻滾吧！菩薩——第五屆大專青年佛門探索營」。

- 2月12日
心道師父因「不忍眾生苦、不忍聖教衰」發願閉關一年，靈鷲山無生道場舉辦「緣起成佛・悲心周遍」入關聖典及「聖山二部曲——心道師父聖物展」。（圖③）

- 2月17日
天主教台灣區樞機主教單國璽主教參訪世界宗教博物館。

- 2月23日
靈鷲山佛教教團獲馬來西亞淨業精舍致贈佛陀及聖眾舍利，供奉於無生道場。（圖④）

- 2月25日～26日
靈鷲山社會福利慈善事業基金會舉辦兩梯次的「生命關懷精進營」。

- 3月1日～30日
世界宗教博物館推出「永恆的召喚——陳贊雲宗教建築攝影展」。

- 3月1日～2日
天帝教傳道師一行來山參訪。

①

②

③

④

- 3月13日
  心道師父榮獲緬甸頒贈國家榮譽一級獎章「國家最高榮譽弘揚佛法貢獻卓越獎」。
- 3月18日～24日
  靈鷲山佛教教團與時報育才公司、台灣禪宗佛教會於台北縣政府聯合舉辦「觀世音菩薩冷光藝術特展」。
- 3月19日
  靈鷲山佛教教團於台中市惠文國小禮堂啟建「二〇〇六年水陸法會先修地藏法會暨瑜伽焰口」。
- 3月25日
  靈鷲山聖山寺啟建春季祭典──清明懷恩法會。（圖①）
- 3月25日
  亞洲區天主教主教團一行人參訪世界宗教博物館。
- 3月26日～4月2日
  靈鷲山無生道場舉辦內眾精進禪七。
- 4月13日～17日
  靈鷲山佛教教團參加於中國杭州舉行的第一屆「世界佛教論壇」。
- 4月21日～23日
  靈鷲山無生道場於每月第三週舉辦「雲水斷食禪三」。
- 4月21日
  靈鷲山佛教教團於泰國舉辦平安佛與圓滿佛鎔鑄大典。
- 4月28日～30日
  靈鷲山樹林中心舉辦「華嚴懺法會暨瑜伽焰口」。
- 5月7日
  靈鷲山佛教教團於台南分院啟建「二〇〇六年水陸法會先修藥師暨瑜伽施食焰口法會」。
- 5月21日
  靈鷲山高屏講堂於屏東東港國中舉辦東港漁村祭法會。
- 5月24日～12月24日
  世界宗教博物館推出「爵鼎聰明──青銅器兒童教育展」。
  （圖②）
- 5月27日～28日
  靈鷲山護法會於無生道場舉辦「護法會幹部夏季營暨委員授證儀式」。（圖③）

①

②

③

- 6月1日
  靈鷲山佛教教團與「愛與和平地球家（GFLP）」於緬甸開辦「大雨托兒所」。（圖①）
- 6月13日
  靈鷲山佛教教團結合國內九大宗教教派聯合南亞賑災新建之斯里蘭卡愛心屋舉行啟用典禮。
- 6月24日
  靈鷲山紐約One Center道場舉辦「喬遷祈福法會」。
- 6月25日
  靈鷲山無生道場開山二十三周年慶，舉辦朝山及啟建「二〇〇六年水陸法會先修度亡法會」等活動。
- 7月
  世界宗教博物館發展基金會獲行政院文化建設委員會「第八屆文馨獎金牌團體獎」。
- 7月3日
  靈鷲山三乘佛學院舉辦第二屆畢業典禮。
- 7月6日～8日
  靈鷲山無生道場舉辦「第六屆大專青年佛門探索營」。
- 7月9日～12日
  靈鷲山佛教教團於無生道場舉辦「二〇〇六靈鷲山兒童學佛營」。
- 7月10日
  靈鷲山佛教教團首次舉辦水陸齋僧大會，分別於無生道場及八月水陸法會現場舉行。
- 7月25日
  靈鷲山佛教教團獲內政部二〇〇五年度寺廟教（堂）會捐資興辦公益慈善及社會教化事業績優獎。
- 7月26日～8月2日
  靈鷲山佛教教團於桃園巨蛋體育館啟建「二〇〇六年喜歡生命水陸空大法會」。
- 7月26日～8月2日
  比利時國家電視台來山參訪，並以靈鷲山佛教教團為對象錄製介紹台灣佛教文化與精神的影片。
  （圖②）

①

②

- 8月12日～18日
  靈鷲山佛教教團首次在香港啟建「水陸空大法會」，集結兩岸三地包括本煥長老、戒德長老等諸山長老共同祈求佛法常住，道業永存。

- 8月23日～25日
  靈鷲山佛教教團舉辦廣東韶關朝聖行，朝禮南華寺、雲門寺等禪宗祖庭。（圖①：本煥老和尚為僧眾訓勉開示。）

- 9月4日～18日
  靈鷲山無生道場舉辦內眾精進禪七。

- 9月23日～24日
  靈鷲山護法會於無生道場舉辦「秋季幹部訓練營」。

- 9月30日～10月2日
  靈鷲山香港佛學會慶祝成立五周年，啟建「法華法會暨三時繫念法會」。

- 10月
  心道師父生日淨行月，靈鷲山佛教教團舉辦萬人禪修、請師常久住世法會及「儉零錢．蓋道場——善財筒子」等活動。

①

- 10月14日
  靈鷲山佛教教團首度於無生道場舉辦「空山明月、聆聽寂靜——萬人禪修」，由閉關中的心道師父帶領大眾禪修。
  （圖②）

- 10月16日～18日
  靈鷲山佛教教團與北京大學宗教學系於北京大學共同主辦「二〇〇六回佛對談——『宗教生死觀』學術研討會」。
  （圖③）

②

- 10月16日
  中國上海佛教界代表團寶勝法師、明光法師等一行來山參訪。

③

- 10月18日
  靈鷲山佛教教團獲台北縣政府「績優宗教團體興辦公義慈善及社會教化事業」表揚。
- 10月21日
  靈鷲山聖山寺啟建秋季祭典。
- 11月8日～12日
  靈鷲山永和講堂舉辦「梁皇寶懺法會」。
- 11月9日
  世界宗教博物館開館館慶，推出「雙和人」雙和地方文史展。
- 11月10日～23日
  靈鷲山佛教教團邀請中國中央民族大學王堯教授分別於政治大學、無生道場及世界宗教博物館講授「走進藏傳佛教系列講座」。
- 11月19日
  靈鷲山佛教教團於三重市修德國小啟建「二○○七年水陸法會先修藥師普佛暨三時繫念法會」。
- 11月25日
  靈鷲山佛教教團與聯合報副刊共同舉行「第五屆宗教文學獎」頒獎典禮。
- 11月26日～12月3日
  靈鷲山佛教教團舉辦緬甸朝聖暨「供萬僧」活動。
- 11月27日
  靈鷲山聖山寺舉行拆除重建儀式，開啟聖山建設之金佛園區建設的里程。
- 11月29日
  「海峽兩岸西王母論壇與宗教高峰會議」與會成員參訪世界宗教博物館。
- 12月1日～2007年2月28日
  世界宗教博物館推出「二十世紀現代建築縮影展」，首先展出建築大師科比意（Le Corbusier）的「廊香教堂（Ronchamp）」。
- 12月3日
  靈鷲山社會福利慈善事業基金會與台南分院合辦「愛在鳳凰城募款園遊會」及第四屆普仁獎學金台南場頒獎典禮。
- 12月6日～10日
  靈鷲山基隆講堂啟建「梁皇法會暨瑜伽焰口」。
- 12月6日～10日
  靈鷲山台北講堂啟建「梁皇法會暨瑜伽焰口」。
- 12月20日
  靈鷲山佛教教團於台北市長官邸表演廳舉辦「二○○六年台灣心靈白皮書——心靈健康大調查」座談會。
- 12月30日
  靈鷲山社會福利慈善事業基金會於嘉義中心舉辦第四屆普仁獎學金嘉義場頒獎典禮。
- 12月31日～2007年1月14日
  靈鷲山無生道場舉辦內眾精進華嚴閉關，並於圓滿日舉辦「水陸供僧」與「二○○七年水陸法會先修三時繫念法會」。

🌀 2007年

- 1月21日
  靈鷲山社會福利慈善事業基金會與新莊中港中心於雙溪舉辦「歡喜過新年——歲末關懷長者聯誼活動」，關懷貢寮及雙溪鄉獨居長者。

- 1月21日
  世界自由日大會暨世界自由民主聯盟一行來山參訪。

- 1月21日
  世界宗教博物館舉辦「宗博信眾服務中心」啟用典禮，感恩靈鷲山信眾的發心與護持。

- 1月27日
  靈鷲山社會福利慈善事業基金會於永和講堂舉辦第四屆「普仁獎學金」台北場頒獎典禮。

- 1月28日
  靈鷲山佛教教團接受交通部東北角風景管理處委託主辦「璀璨福隆・亨通諸事——二〇〇七東北角祈福點燈活動」。（圖①）

- 2月3日
  靈鷲山無生道場舉辦心道師父出關聖典。

- 2月4日
  藏傳佛教寧瑪噶陀傳承持有者十九世莫札法王來山參訪，並為甫出關的心道師父舉行淨剃儀式。

- 2月6日～10日
  靈鷲山無生道場舉辦「第七屆大專青年佛門探索營」活動。

- 2月11日
  藏傳佛教不丹國師貝斯林仁波切五世來山參訪，並致贈普巴金剛伏藏的天鐵所製的普巴杵予心道師父。

- 2月11日
  土耳其伊斯蘭教蘇菲教派宗教交流中心負責人艾維其與土耳其Cihan News通訊社特派員來山參訪，並訪問心道師父。

- 2月13日～7月30日
  世界宗教博物館推出「財神到」特展。

- 2月17日～26日
  靈鷲山佛教教團新春期間於無生道場啟建「萬佛年燈暨新春迎財神」法會。

- 2月17日
  日本新宗教白光真宏會來台於靈鷲山無生道場樹立全台首支「和平柱」，肯定心道師父致力世界和平的努力。

- 3月8日
  靈鷲山樹林中心於台北縣樹林市公所舉辦「喜歡生命心靈講座暨樹林之美新春嘉年華燈會」。

- 3月9日
  靈鷲山聖山寺啟建春季祭典三時繫念法會。

①

- 3月18日
  靈鷲山佛教教團於新莊體育館啟建「二〇〇七年水陸法會先修八關齋戒暨瑜伽焰口法會」。
- 3月23日〜25日
  靈鷲山台南分院啟建開光大典暨華嚴寶懺法會，心道師父親臨主持灑淨開光儀式。
- 3月〜12日
  靈鷲山無生道場於每月第三週舉辦「斷食禪三」及一場「外眾禪七」。
- 3月25日
  靈鷲山基隆講堂於基隆仁愛國小啟建「清明懷恩地藏法會」。
- 3月26日〜4月9日
  心道師父率徒眾前往緬甸朝聖及「供萬僧」，期間並主持靈鷲山緬甸禪修中心－法成就寺開光大典。
- 3月29日〜4月30日
  世界宗教博物館展出「佛途旅次——陳克華的緬甸攝影作品展」。
- 4月4日〜9日
  靈鷲山佛教教團與中華民國全球華人文藝協會於靈鷲山緬甸禪修中心共同舉辦「第二屆全球華人文學會議」。
- 4月8日〜15日
  靈鷲山無生道場舉辦內眾精進禪七。
- 4月19日〜28日
  心道師父率徒眾展開美國弘法行，並主持靈鷲山紐約One Center新道場開光大典，期間應Make A Difference基金會之邀前往耶魯大學教授禪修及開示。（圖①）

①

- 4月20日
  諾貝爾和平獎得主屠圖大主教（Archbishop Desmond M. Tutu）參訪世界宗教博物館。（圖②）
- 4月20日〜22日
  靈鷲山台北講堂啟建「法華法會」。

②

- 4月21日〜22日
  靈鷲山社會福利慈善事業基金會於曾文水庫青年活動中心舉辦「二〇〇七年生命關懷幹部精進營」。
- 4月22日
  靈鷲山護法會於無生道場舉辦「護法會春季全國委員精進營」。（圖③）

③

- 5月5日～6日
  靈鷲山佛教教團於屏東東港國中啟建「二○○七年水陸法會先修懷恩地藏法
  會」。（圖①）
- 5月18日～20日
  靈鷲山樹林中心啟建「華嚴懺法會暨瑜伽焰口」。
- 5月20日
  靈鷲山無生道場慶祝浴佛節，舉辦朝山、浴佛等活動。
- 5月22日
  榮獲二○○七年周大觀文教基金會「全球熱愛生命獎章」得獎人琳達‧高德曼
  （Linda Goldman）參訪世界宗教博物館。
- 5月24日～27日
  靈鷲山宜東講堂於宜蘭羅東啟建「二○○七年蘭陽平原全民浴佛暨釋尊八相成
  道朝聖法會」。
- 5月25日～26日
  靈鷲山護法會於無生道場舉辦「護法會幹部夏季訓練營暨委員授證大會」。
- 5月27日
  國立台北教育大學生命教育與健康促進研究所師生一行來山參訪，並與心道師
  父暢談生死觀。
- 5月30日～6月3日
  靈鷲山新莊中港中心舉辦「梁皇法
  會」。
- 6月6日
  蒙古共和國前內政部副部長蘇赫巴
  特來山參訪，並皈依心道師父。
  （圖②）

①

- 6月6日～10日
  靈鷲山無生道場舉辦「二○○七年
  度寶華山居家五戒暨菩薩戒」。
- 6月22日～29日
  心道師父以佛教禪修大師身分受邀
  赴德國慕尼黑，參加Ernst Freiberger
  Foundation舉辦之「靜坐與啟發」小
  型研討會。
- 7月
  靈鷲山佛教教團與「愛與和平地球
  家」緬甸弄曼修行農場生產製造的
  手工香茅皂上市。（圖③）

②

- 7月1日
  靈鷲山無生道場開山二十四周年
  慶，舉辦開山大殿千手千眼觀音、
  香爐及四大天王移座灑淨典禮，以
  及啟建「二○○七年水陸法會先修
  度亡法會」等活動；啟動靈鷲山開
  山大殿整建工程，為建設華嚴聖山
  之里程。

③

- 7月8日～11日
  靈鷲山無生道場舉辦「二○○七年北部大專青年耕心營」。
- 7月12日～15日
  靈鷲山無生道場舉辦「二○○七年北部兒童學佛夏令營」。（圖①）
- 7月9日
  靈鷲山佛教教團舉辦三場水陸齋僧大會，以增益啟建水陸法會之功德。
- 7月21日～22日
  靈鷲山佛教教團於台南分院舉辦「二○○七年南部大專青年耕心營」。
- 7月28日～29日
  靈鷲山佛教教團於台南分院舉辦「二○○七年南部兒童夏令學佛營」。
- 8月15日～21日
  靈鷲山佛教教團於桃園巨蛋體育館啟建「二○○七年真心和諧・友善地球水陸空大法會」。
- 8月29日～3月2日
  世界宗教博物館展出美國建築大師大衛・萊特（Frank Lloyd Wright）作品「唯一教派教堂（Unitarian Meeting House）」建築模型展。
- 9月1日
  靈鷲山無生道場舉辦恭迎緬甸「開運玉佛」活動。
- 9月2日～9日
  靈鷲山無生道場舉辦內眾精進禪七。
- 9月2日
  靈鷲山宜東講堂與宜蘭縣政府共同於「宜蘭壽園」舉辦超度法會。
- 9月12日
  廣州深圳弘法寺心悅法師一行參訪世界宗教博物館。
- 9月15日～16日
  靈鷲山護法會於無生道場舉辦「秋季幹部訓練營」。
- 9月18日～20日
  心道師父起程前往美國展開和平交流之行，期間分別應德州達拉斯（Dallas,Texas）南方衛理公會大學（Southern Methodist University, SMU）以及「感恩廣場（Thanks-Giving Square）」之邀請，前往發表演說。
- 9月20日
  靈鷲山佛教基金會與世界宗教博物館發展基金會同獲內政部「二○○六年度興辦公益慈善及社會教化事業績優宗教團體表揚」。
- 9月21日～25日
  心道師父以世界宗教博物館創辦人及佛教代表身份應邀赴墨西哥蒙特雷市參加「二○○七世界文化論壇（Universal Forum of Cultures）」。
- 9月26日～30日
  靈鷲山樹林中心啟建「梁皇法會暨瑜伽焰口」。
- 10月5日～4月27日
  世界宗教博物館推出「聖誕圖：一幅畫的故事」特展。

- 10月13日
  心道師父生日淨行月，靈鷲山佛教教團舉辦「聆聽寂靜‧回歸真心——萬人禪修」、「請師常久住世」長壽法會等活動，祝賀心道師父六十大壽。

- 10月16日～17日
  心道師父應中國北京大學邀請，於該校光華管理學院以「生命之道——心知道」為主題發表「寂靜管理——『管理』從心開始」、「喜歡生命——從喜歡生命到創造美好生命」兩場演說。

- 10月20日
  靈鷲山聖山寺啟建秋季祭典。

- 10月29日
  心道師父率徒眾前往泰國朝聖、弘法，並於泰國僧王寺與泰國第一副僧王梵摩尼僧長（Phra Phommunee）共同主持「臥佛頂髻鎔鑄聖典」。

- 11月3日
  靈鷲山佛教教團與政治大學國際事務學院共同開設之「宗教發展與國際和平研究」碩士學分班首次舉辦結業頒獎授證典禮。

- 11月11日
  靈鷲山佛教教團於三重修德國小啟建「二○○八年水陸法會先修藥師普佛暨三時繫念法會」。

- 11月12日
  「靈鷲山全球資訊網」與「世界宗教博物館愛的森林兒童網」同獲行政院研考會舉辦之二○○七年「第一屆網際營活獎」殊榮。（圖①）

- 11月12日～18日
  靈鷲山台北講堂舉辦「梁皇法會暨瑜伽焰口」。

- 11月13日
  天主教馬天賜神父偕同親友參訪世界宗教博物館。

- 11月14日～18日
  靈鷲山永和講堂啟建「梁皇法會暨瑜伽焰口」，禮請戒德老和尚主法瑜伽焰口法會。

- 11月16日
  靈鷲山無生道場舉辦「開山臥佛遷移安座聖典」。

- 11月24日～12月2日
  心道師父應邀赴印度阿木里查（Amritsar）參加「第三屆以利亞國際宗教領袖會議（Elijah Board of World Religious Leaders）」。
  （圖②）

①

②

- 12月6日～13日
  心道師父率徒眾前往緬甸朝聖暨供萬僧。
- 12月16日
  靈鷲山台南分院於台南市大東夜市舉辦「愛在鳳凰城園遊會」。（圖①）
- 12月20日
  靈鷲山佛教教團與聯合報系共同舉辦第六屆「宗教文學獎」頒獎。
- 12月21日
  澳門聖玫瑰暨聖若瑟第五中學教師團一行參訪世界宗教博物館。
- 12月22日～23日
  靈鷲山護法會於無生道場舉辦「護法會冬季幹部訓練營」。
- 12月25日～27日
  泰國僧王寺第一副僧王梵摩尼僧長（Phra Phommunee）率領泰國高僧代表抵台，參訪世界宗教博物館與無生道場，並於27日與心道師父共同主持「開啟和平盛世——靈鷲山金佛園區祈福聖典」。
- 12月27日
  靈鷲山佛教團於台北市長官邸演藝廳舉辦「二〇〇七年台灣心靈白皮書」問卷調查結果發表會。（圖②）
- 12月31日～1月13日
  靈鷲山無生道場舉辦內眾精進華嚴閉關，期間舉行「二〇〇八年第一場水陸齋僧」，並於圓滿日啟建「二〇〇八年水陸法會先修八十華嚴暨三時繫念法會」。

①

②

🕉 2008年

- 1月
  心道師父發起「百萬大悲咒」回向中國受雪災侵襲的災區與災民。

- 1月15日
  靈鷲山高屏講堂於高雄市卓越廣場大樓舉辦「法寶節——恭祝佛陀成道日：臘八粥與你結緣」活動，於當地社區居民同樂。

- 1月20日
  靈鷲山社會福利慈善事業基金會與新莊中港中心於無生道場舉辦「關懷獨居長者聯誼——回山圍爐活動」。

- 1月20日
  靈鷲山台南分院舉辦「愛在鳳凰城系列之二——寒冬送暖關懷鄉親活動」。

- 1月28日～21日
  靈鷲山無生道場舉辦「第八屆青年佛門探索營」。

- 1月31日
  靈鷲山無生道場舉辦「開山聖殿上樑聖典」，心道師父親臨主持。

- 2月6日～15日
  靈鷲山無生道場啟建新春迎財神活動。

- 2月13日～17日
  靈鷲山高屏講堂啟建「新春平安祈福——梁皇寶懺暨瑜伽焰口法會」。

- 2月16日
  心道師父應邀前往印度班格羅參加「生活藝術國際中心（The Art of Living International Centre）」主辦的「吠陀哲學及佛教——促進全球和平會議」，並於大會發表「倫理與和平經驗」演說。（圖①）

- 2月19日～22日
  世界宗教博物館發展基金會舉辦兩場「跨宗教祈福——新春聯誼茶會」，邀請國內各宗教代表與社會人士齊聚，為台灣及全球住民祈福。（圖②）

- 3月
  靈鷲山佛教教團發起「全民寧靜運動」，呼籲全民「減音、減食、減碳」，提出「愛地球九大生活主張」；並舉辦「寧靜心空，為世界祈福」網路留言、「愛與和平——寧靜心空」演唱會、「萬人禪修」等活動。

①

- 3月1日～2日
靈鷲山緬甸國際禪修中心法成就寺舉辦「大雨耕心營」，培育「大雨托兒所」師資，心道師父親至緬甸為學員開示。（圖①）
- 3月8日
靈鷲山泰國講堂啟建「大悲觀音傳承法會」，心道師父親臨主法。（圖②）
- 3月9日
心道師父率徒眾前往泰國、寮國朝聖，並與泰僧王共同於僧王寺主持「富貴佛頂髻鎔鑄大典」。
- 3月16日
靈鷲山佛教教團於北縣海山高工啟建「二〇〇八年水陸法會先修清明報恩地藏暨瑜伽焰口法會」。
- 4月5日～6日
靈鷲山護法會於無生道場舉辦「弘法青年團」授證大會，心道師父親臨主持。
（圖③）

- 4月9日～19日
靈鷲山佛教教團於泰國與僧王寺共同舉辦「富貴佛」祈福開光聖典，隨後迎請至泰北清萊舉行「富貴佛繞境祈福」儀式。

①

- 4月20日
靈鷲山佛教教團於國內外各區講堂啟建「大悲觀音傳承法會」，傳承心道師父修行的觀音法門；首場法會於高雄師範大學啟建。

- 4月26日
靈鷲山佛教教團於台北市大安森林公園舉辦「全民寧靜運動——萬人禪修」，心道師父以「9日3平安禪」帶領大眾沈澱身心、體悟自性。

②

- 5月4日
靈鷲山佛教教團於台灣大學體育館啟建「二〇〇八年水陸法會先修八關齋戒暨瑜伽焰口法會」。

- 5月5日～6日
中國人民大學、中國民族大學以及福建華僑大學等校宗教學者一行，在輔仁大學宗教系主任黃懷秋教授陪同下來山參訪，並與心道師父晤談。

③

- 5月8日～9日
心道師父與中華民國搜救總隊等一行攜帶救災物資，緊急前往緬甸了解納吉斯風災災情，並指示靈鷲山佛教教團於緬甸成立「台灣緬甸颶風賑災中心」積極投入救災。

- 5月9日
靈鷲山「愛與和平地球家」組成救災團隊，進入緬甸伊洛瓦底江賑助受納吉斯（Nargis）颶風侵襲的災民，為台灣首支進入災區的賑災隊伍，同時也是少數獲緬甸政府同意進入災區救援的國際救援組織之一。

- 5月9日
靈鷲山宜東講堂舉辦「萬佛燈會」，並推動「有孝人間──蘭陽孝親尊師節」活動。

- 5月10日
靈鷲山無生道場舉辦「考生滿願祈福活動──邀請您一同佛腳抱抱好運到」關懷考生活動。

- 5月13日
心道師父率領靈鷲山全體法師共修《阿彌陀經》回向中國四川大地震災區與災民，並指示靈鷲山佛教教團展開救援行動。

- 5月14日
心道師父起程前往中國了解四川震災災情，與當地宗教團體溝通未來災區重建的工作計畫。

- 5月17日～5月21日
心道師父率徒眾前往蒙古參加「當代佛教在蒙古未來的發展與挑戰」國際會議，發表「蒙古佛教與現代意義」演說，並與蒙古總統恩赫巴亞爾（Nambaryn Enkhbayar）會晤。

- 5月19日
靈鷲山佛教教團與中華民國搜救總隊共同舉行「緬甸賑災記者會」，說明靈鷲山賑災經過，以及未來的救援計畫，並呼籲國人加入救援行動。

- 5月23日
靈鷲山佛教教團與NGO組織「台灣國際醫療行動團隊」合作，再度進入緬甸災區提供醫療援助，啟動緬甸賑災第二階段賑濟計畫。

- 5月24日
靈鷲山護法會於台北市展開「一片麵包的希望」街頭募款活動。（圖①）

- 5月24日～25日
靈鷲山護法會於無生道場舉辦夏季幹部訓練營暨委員授證大會。

①

- 5月29日

  心道師父應邀前往中國成都寶光寺為四川震災三七日啟建的「祈福追薦賑災大法會」，拈香祝禱祈福，並捐贈救災物資及善款，隨後赴災區實地關懷。

- 6月1日

  靈鷲山台中講堂於台中忠信國小啟建「大悲觀音傳承法會」。（圖①）

- 6月2日

  靈鷲山佛教教團於香港舉辦「緬甸賑災記者會」，說明救災成果及未來重建計畫。

- 6月3日

  心道師父應邀出席外交部舉辦之「台灣國際醫衛行動團隊赴緬甸進行醫療援助」記者說明會，向各界說明靈鷲山教團在緬甸救災成果及未來重建計畫。

- 6月5日

  心道師父應邀為交通部東北角暨宜蘭風景管理處舉辦之「福隆沙雕季」灑淨祈福，並為沙雕左臥佛「開佛眼」，隨後帶領福隆居民進行淨灘淨水環保活動。

  （圖②）

- 6月11日～13日

  世界宗教博物館發展基金會、「愛與和平地球家」與聯合國教科文組織（UNESCO）、以利亞協會（The Elijah Interfaith Institute）及政治大學共同於政治大學國際事務學院及世界宗教博物館舉辦「二○○八年全球化與靈性傳統暨第八屆回佛對話國際會議」，為「回佛對談」首次在台舉辦。

- 6月14日

  靈鷲山護法會於永和講堂舉辦「全國委員精進營」。

①

②

- 6月22日～28日
  靈鷲山佛教教團假成都古剎昭覺寺啟建「四川震災圓滿七──梁皇寶懺超薦大法會」。

- 6月25日～9月30日
  世界宗教博物館推出「寫藝人間──漢寶德書法展」，為世界宗教博物館館長漢寶德先生墨寶首次對外展覽。

- 6月23日～27日
  心道師父再赴緬甸關心颶風災區重建進度，在緬甸社會福利部部長Maung Maung Suie陪同下搭乘專機前往重災區勘察重建事宜。

- 6月28日
  靈鷲山無生道場舉辦第四屆三乘佛學院畢業典禮。

- 6月29日
  靈鷲山無生道場開山廿五周年慶，舉辦「二〇〇八年水陸法會先修彌陀度亡法會」等活動。

- 7月4日～7日
  靈鷲山佛教教團於馬來西亞舉辦「緬甸賑災記者會」，心道師父蒞臨現場主持。

- 7月4日～6日
  靈鷲山佛教教團舉辦「二〇〇八年大專青年耕心營」。

- 7月7日～10日
  靈鷲山佛教教團舉辦「二〇〇八年兒童學佛營」。

- 7月13日
  靈鷲山花蓮共修處於花蓮勞工育樂中心啟建「報恩地藏法會」。

- 7月16日～18日
  心道師父應世界伊斯蘭聯盟（The Muslim World League）邀請，赴西班牙馬德里皇宮參加「各大宗教對話國際論壇（The World Conference on Dialogue）」會議。

- 7月26日～27日
  靈鷲山無生道場首次舉辦「清水斷食一日禪」活動。

- 8月2日
  靈鷲山宜東講堂與宜蘭縣政府聯合於羅東壽園舉辦超度法會。

- 8月4日
  靈鷲山佛教教團舉辦「素食愛地球‧環保齋戒月」記者會，心道師父親臨主持，呼籲社會各界以「減音、減食、減碳」的實際行動愛護地球、友善地球。

- 8月6日～13日
  靈鷲山佛教教團於桃園巨蛋體育館啟建二〇〇八年「素食愛地球‧環保齋戒月水陸空大法會」。

- 8月7日
  靈鷲山佛教教團於世界宗教博物館舉辦「懺悔的宗教意義」兩岸學術研討會，討論世界趨勢、台灣社會脈絡與佛教民間信仰力的心靈發展史。（圖①）

①

- 8月9日

  靈鷲山佛教教團邀請兩岸宗教學者於桃園水陸法會現場舉辦「二○○八水陸座談會——懺悔法門如何落實到日常生活」，給予信眾「安心」的建言。

- 8月10日

  中華民國總統馬英九先生偕夫人參訪世界宗教博物館，觀賞漢寶德館長「寫藝人間」書法特展。（圖①②：馬英九總統伉儷參觀漢寶德「寫藝人間」書法展。）

- 8月15日～16日

  美國耶魯大學「宗教與全球化」課程來山專訪心道師父，並參訪世界宗教博物館。

- 8月18日

  靈鷲山基隆護法會協辦基隆中元祭「蓮燈祈福」活動。

- 8月23日

  泰國東北寺院參訪團一行來山參訪。

- 8月31日

  靈鷲山美國紐約One Center道場啟建「圓滿施食法會」與「大悲觀音傳承法會」，心道師父親臨主法。

  （圖③）

①

②

③

- 9月3日～4日
「愛與和平地球家」與菲律賓駐聯合國使節團（The Philippine Mission to U.N.）於紐約聯合國總部合作舉辦「邁向地球家：第十屆回佛對談」，心道師父親臨與會，並發表開幕致詞。

- 9月9日～13日
靈鷲山樹林中心啟建「為上師祈福——梁皇法會」。

- 9月15日～24日
靈鷲山無生道場舉辦內眾精進禪十。

- 9月21日
靈鷲山泰國講堂啟建「觀音法會」。

- 9月27日～28日
靈鷲山護法會於無生道場舉辦「護法會幹部秋季營」。

- 10月2日～4日
心道師父率迎金佛朝聖團前往泰國迎請泰僧王致贈之「富貴金佛」來台，中國國民黨榮譽主席連戰先生親往桃園機場迎接金佛抵台。

- 10月3日
泰國僧王寺於僧王智護尊者九十五壽誕日舉辦「贈佛聖典」，頒贈「富貴金佛」予靈鷲山佛教教團，以祝賀心道師父六十大壽。

- 10月4日
靈鷲山佛教教團於台北101大樓91樓舉辦「富貴金佛明燭點燈儀式」，邀請總統馬英九先生、泰國第一副僧王梵摩尼僧長以及心道師父等主持點燈祈福儀式。

- 10月5日
靈鷲山無生道場與泰國僧王寺結為友誼寺，泰國副僧王與心道師父於台北101大樓富貴金佛前互贈禮物，作為見證。

- 10月5日～6日
靈鷲山佛教教團於台北101大樓4樓都會廳舉辦「光輝十月‧富貴台灣——靈鷲山富貴金佛祈福活動暨稀世文物展」，供民眾瞻禮祈福，祈願在富貴金佛的加持祝福下，台灣能夠扭轉逆境，重建信心，副總統蕭萬長先生亦蒞臨祈福。

- 10月7日
心道師父生日，靈鷲山佛教教團於無生道場舉辦「供佛齋天——請師長久住世」法會，天主教王榮和神父、藏傳佛教釋迦仁波切、貝瑪仁增仁波切等以及護送富貴金佛來台的泰國高僧與靈鷲山信眾齊聚為師父祝壽。

- 10月7日
靈鷲山佛教教團於台北縣市舉辦「富貴金佛祈福遶境活動」，沿途受到信眾夾道歡迎。

國家圖書館出版品預行編目資料

靈鷲山誌. 弘化紀實卷 / 釋法昂主編.——

初版.——

臺北縣永和市：靈鷲山般若出版，2008.11

面；　公分

ISBN 978-986-84796-0-9（精裝）

1.靈鷲山佛教教團 2.佛教團體 3.歷史

220.6　　　　　　　　　　97020376

靈・鷲・山・誌
弘化紀實卷

總 監 修	釋心道
總 策 劃	釋了意
編 審	靈鷲山文獻中心
顧 問	周本驥
主 編	釋法昂、陳坤煌
執行編輯	陳俊宏
封面設計	王鳳梅
美術設計	王鳳梅
圖片提供	靈鷲山資網中心、靈鷲山圖書館、攝影組義工
發 行 者	財團法人靈鷲山般若文教基金會
發 行 人	歐陽慕親
出 版 者	財團法人靈鷲山般若文教基金會附設出版社
網 址	www.093.org.tw
法律顧問	永然聯合法律事務所
地 址	23444台北縣永和市保生路2號17樓
電 話	（02）2232-1008
傳 真	（02）2232-1010
總 經 銷	成信文化事業股份有限公司
地 址	23148台北縣新店市中正路四維巷二弄2號4樓
電 話	（02）2219-2080
傳 真	（02）2219-2180
劃撥帳戶	財團法人靈鷲山般若文教基金會附設出版社
劃撥帳號	18887793
初版一刷	2008年11月
定 價	700元
ISBN	978-986-84796-0-9（精裝）